无悔之路

与不破哲三共同生活

[日] 上田七加子 著
郑萍 译

道ひとすじ

不破哲三とともに生きる

中信出版集团 · 北京

图书在版编目（CIP）数据

无悔之路：与不破哲三共同生活 /（日）上田七加子著；郑萍译 . -- 北京：中信出版社，2018.4

ISBN 978-7-5086-8733-9

I. ①无… II. ①上… ②郑… III. ①上田七加子 – 回忆录 IV. ①K833.138.5

中国版本图书馆 CIP 数据核字（2018）第 044908 号

无悔之路——与不破哲三共同生活

著　　者：[日] 上田七加子
译　　者：郑　萍
出版发行：中信出版集团股份有限公司
　　　　（北京市朝阳区惠新东街甲 4 号富盛大厦 2 座　邮编　100029）
承 印 者：北京画中画印刷有限公司

开　　本：880mm×1230mm　1/32　　印　　张：9　　字　　数：130 千字
版　　次：2018 年 4 月第 1 版　　印　　次：2018 年 4 月第 1 次印刷
京权图字：01-2017-0377　　广告经营许可证：京朝工商广字第 8087 号
书　　号：ISBN 978-7-5086-8733-9
定　　价：49.00 元

目 录

译者序

《无悔之路》是日本著名政治家、马克思主义理论家、日本共产党领导人不破哲三先生的夫人上田七加子女士撰写的回忆录，日文版由日本中央公论新社于 2012 年 4 月出版。该书以作者的亲身经历为线索，不仅讲述了其个人与不破哲三的奋斗历程、生活经历，还见证和描述了日本从“二战”到今天的历史，映现了当代日本社会的前世今生。因此，它既是个人的传记，也是时代的记录。全书文笔清新、贴近生活、自然生动、娓娓道来，故事性与可读性都很强。

不破哲三，原名上田建二郎，1930 年 1 月 26 日生于东京。不破哲三是笔名。关于这个笔名的由来，这本书有权威解释。1947 年，不破哲三还在读高中时，就加入日本共产党，从此走上了一条反对天皇制度、反对军国主义、反对对外侵略战争、反对对内残暴专制，主张主权在民，为普通民众谋取幸福和探索马克思主义真理的无悔之路。直到今天，不破哲三依然活跃在马克思主义的理论前沿，笔耕不辍。

一直伴随在不破哲三身边，始终支持其所从事的进步事业的人，就是不破先生的夫人上田七加子女士。

上田七加子也是日本共产党的老党员。而且，早在结识不破哲三之前，她就独立地加入了日本共产党。在这本书中，七加子向读者介绍了她是怎样从一个“军国少女”转变为日本共产党员的。她在书中愤慨地说：“对于那些悍然发动战争、为一己之私而全然不顾牺牲国民生命、持续争战的体制和政治以及那些指挥者，我至今仍不禁感到强烈的愤怒。”这一认识与转变过程，既是一位日本普通少女摆脱日本军国主义长期毒害教育的生命升华，也映现了日本军国主义对日本社会与人民的毒害程度之深，以及日本社会与人民摆脱长期军国主义毒害的艰难转折过程，让我们看到了“二战”结束前后，日本整体社会的深刻变化。

通过此书，读者可以看到，在日本无条件投降之后，由于军国主义在政治上的一朝崩塌，日本社会长期被军国主义一统压制的局面随之解体。一时间，各种新思想、新知识像决堤的洪水，充斥着大街小巷。这种局面，是“二战”结束之前的日本社会所无法想象的。在强大的驱逐军国主义的潮流下，日本共产党开始重建，并作为合法政党开展活动。亲历了战火伤痛的七加子，了解到日本共产党在战争中坚持反战的宗旨与经历，体认到日共所高举的“主权不在天皇而在国民”“和平最重要”“男女平等”等旗帜，不仅“十分新鲜、具有魅力”，而且代表了真理。特别是让全体国民享有选举权的主张，更是军国主义统治下普通民众想都不敢想的事情。原本出身于“无产阶级”的七加子，从朴素的阶级立场与感情出发，进而经过认真比较与思考，抱着“创造更加美好社会”的理想，于1948年7月，以19岁尚在学校读书的年龄，义无反顾地正式加入了日本共产党。

入党后，七加子几乎没有犹豫，立即成了一名党员积极分子。她不仅主动参加基层组织的各种学习会，提高自身的党员修养，而且还在电车中发送党的宣传手册，去工厂演出，到街头演讲，参加政治集会，可谓“哪里插着红旗，就奔向哪里”。经过不懈努力，1949 年 3 月，七加子毕业后，开始成为一名职业革命家，在日本共产党东京都某地区委员会任职。

成为共产党员，无论对于不破哲三，还是对于七加子，都是彻底改变命运的关键选择。战争结束前，他们一位是“军国少年”，一位是“军国少女”。由于日本军国主义的残酷镇压，创立于 1922 年 7 月的日本共产党在“二战”结束前一直处于非法地位。日本军政当局对日本共产党的政策就是严酷镇压和迫害。战后，呼吁“重新审视共产党”的声音，汇聚为不可阻挡的风潮。在这一进步风潮鼓动下，许多与七加子和不破哲三拥有相同经历的日本人加入日本共产党。由于日本共产党代表了人民的根本利益，因此成长得非常迅速。1945 年 12 月召开第四次党大会时，参会党员还只有 1 813 人。时隔三个月，到 1946 年 2 月第五次党大会时，它就发展到了 6 000 多名党员。1949 年 1 月举行众议院大选时，党员更超过 10 万人。根据 2012 年 7 月日共中央委员长志位和夫在庆祝建党 90 周年纪念大会上演讲所发布的数据，日共当年拥有党员 318 000 人。这在资本主义国家是绝无仅有的。

但是，通过此书可以看到，日本共产党在“二战”后的发展绝非一帆风顺，而是经历了艰难曲折。七加子谈到，走出校门、进入党的地区委员会工作不久，她便遭遇了“浪漫理想”与残酷现实之间的矛盾。随着冷战的开始，美国占领军对日本的控制也在强化。于是，在日本国内出现了所谓“赤色整肃”的反共运动，许多共产党员及其支持者被从政府机关及重要企业中清除。同时，在国际共产主义阵线内部，也出现路线之争。日本共产党所主张的“占领下的和平革命”路线，受到批判。在此情形下，日共内部的分歧与争论在所难免，其结果是日共的分裂。这对于七加子这些年轻的普通党员来说，感受到的是迷惑与不解。但是，七加子并没有在迷茫中选择脱离共产党，在理想和信念上没有丝毫的动摇。她做了一个非常正确的决定，那就是“重新回到原点”，走进工厂，去实际了解工会和工人运动的情况。七加子的这一举动，体现了共产党的本质属性，是非常了不起的。

1950年4月，七加子走进一家铸造工厂。工人们用歌声对她的到来表示欢迎。她全力以赴，在火热的工人运动实践中磨炼自己、探求真知。她参加了劳资双方的集体谈判，为提高工人工资、奖金，与资方据理力争。她着手建立妇女恳谈会，为女职工的特殊权益奔走呼吁。她组织工人和农民交流会，还不顾警察镇压，参加工人游行，重组被破坏的工会，去探望被捕的同志，等等。一位热情、果敢、坚毅的青年共产党员形象，跃然纸上。

通过这些活动，七加子真正了解到基层工人的真实状态。她发现，工会主席不喝酒壮胆，根本就不敢向资方提要求，因为他自己也要养家糊口，也担心失业。这个事例深深触动了七加子。此外，资方也并非铁板一块。其中有一位经营者私下向七加子推荐待遇更好的工作。他这样做并非要拉拢或贿赂七加子，而是因为此人的弟弟战前因参加左翼运动被捕后死在了狱中。事实上，此人很同情共产党。这些事例让七加子懂得，必须深入人民中去，具体问题具体分析，“以国民的视线”去处理具体问题，不能搞僵化教条。结果，工人们组建工会，不去找“劳政事务所”，而是下班后找她来商量。她深深感到，工人们之所以这样做，不是由于她工作做得多么出色、大道理讲得多么透彻，而是由于她肯把自己的盒饭拿出来与工人们共享。换言之，是由于她更接地气。

有组织地领导工会运动，是“二战”后日本共产党的重要工作。1946 年 6 月，各种工会已经从战争结束时的零个发展到约 1.2 万个，工人的组织率超过 40%。当时，日本共产党领导的全国性工会组织“全日本产业类别劳动组合会议”约有会员 163 万人，相当于社会党领导的工会组织的两倍。七加子在基层工人中活动时，不破哲三则在基层的钢铁联合工会工作了 11 年，为维护工人阶级利益做了大量工作。日本当代工人运动史，凝聚了不破夫妇的辛勤汗水。

1953 年 3 月，七加子与不破哲三结婚。婚后，七加子并没有像许多日本妇女那样，成为地道的家庭主妇，而是继续为党的事业奋斗。1956 年，由于过度劳累，她病倒了，不得不辞去党的地区劳联的工作。1959 年，大女儿出生后，她把自己的活动平台转移到社区。社区活动既烦琐又细碎，但七加子一如既往地充满热情，从未生出嫌弃之意。她参与并领导居民自治会，与相关部门交涉，维护居民权利，争取改善生活环境。她参加反对《日美安保条约》的运动，要求在居住区建设幼儿园和小学，为儿童争取免费疫苗注射，反对公立学校收取赞助费，反对电车票涨价，要求严管水质检查，等等，可谓于细微之处足见其担当精神。女儿上小学后，七加子重返日共领导的妇女运动第一线，担任“新日本妇女之会”的基层支部书记和常委，组织科学社会主义读书会等，吸引了不少社区居民。

战后的日本共产党，为推进民主革命，一贯与各领域的群众团体联合斗争。站在人民斗争的前列，为人民的利益奋斗，七加子用自己的具体行动，践行日共的宗旨，取得了切实的成效。

七加子的社会活动随着不破哲三的职务变化而变化。1969 年不破哲三首次当选众议院议员、1970 年被选为日共中央书记局长之后，七加子的主要工作开始转为辅助丈夫。她坦承，她花费体力和脑力最多的是辅选工作。为参加选举，他们把家搬到东京的一处平民区。

为吸引选票，七加子付出了非常艰辛的努力。她细致入微地留意与小区居民沟通感情、建立信任关系，挨家挨户宣传选举主张，还要协助区议员、都议员、知事、参议院选举，甚至要在选举区内参加红白喜事，等等。除劳神费力外，七加子还面临一个很特别的困难。由于各种反共宣传，一些老百姓对共产党有误解。还有些人由于害怕，不敢与共产党的候选人接触。为破解这个最令人头痛的问题，七加子采用的方法就是热情加真诚。她放下身段，使用老百姓的语言习惯进行交流，走街串巷，不惜磨破鞋底，也不惜因为喝家家户户的敬茶而胀肚。就这样，在大家的共同努力下，不破哲三在首次当选时就获得 52 560 张选票，得票率为 14.4%；第二次参选时获得 789 590 张选票，得票率为 21%，支持率从第 4 位上升到第 1 位。首次当选以后，不破哲三连续当选 11 届议员。

在书中，七加子讲述了许多具体而生动的情节，再现了日本选举政治的一幕幕实态。不破第一次参选议员时，在日本一般老百姓心目中，普遍认为议员就是“有钱人”，是“不同于百姓的先生”。因此，不破当选后，支持保守阵营的镇议会委员感到纳闷儿："不破在镇议会、地区业界，在哪儿都没有后门，也没有哪个团体力挺他，并且貌似也没有钱，他怎么就当选了呢？"这个故事，既反映了资本主义社会所谓民主选举中政商勾结的关系，也反映了日共参选活动的艰难。不破哲三这个从平民区里由平民选出的国会议员，其当选结果是对资本主义制度的严重冲击，也凝聚了其夫人的功劳。

本来，七加子入党不久就参加了日共中央委员会书记德田球一参选国会议员的辅选活动。此后，她与不破哲三共同经历了 11 次众议院选举。这一过程之艰辛，未经历者恐怕很难体会。七加子说，起初，她曾单纯地以为，随着选举次数增加，支持者也会随之稳固下来。但事实上，选举深受当时局势与政治形势的影响。一旦日本共产党势力增强，马上就会受到强烈攻击。敌对势力总是试图压制日共，不能容忍它得到人民广泛支持。不破在选举中一直稳定上升的得票率，曾经一度在第 5 次当选时，与后一位当选人之间的得票数就被追近到仅相差 4 000 票。

"二战"结束后，由于日共深处既存留军国主义传统又深受美国控制的资本主义的影响，因此生存已属不易，发展也就愈加艰难。在这种情况下，日共坚持独立自主的立场，不断调适自己的主张，以求不仅在日本社会得以生存，而且得到发展，最终实现走向社会主义的目标。1958 年，他们提出“争取和平革命”的道路主张，并力图通过议会选举来达到这一目标。对这一路线与政策选择，曾引发很大的争议。但值得注意的是，日共的这一选择，确实获得很大成功。以它在众议院议席推移的情况为例，1946 年大选曾获得 5 个席位，占 464 个总议席数的 1.078%，1949 年则创下“二战”后首次大选当选 35 人的成绩，占 466 个总议席数的 7.511%，而 1952 年却遭到全盘失败。到不破哲三参选的 1969 年，却又回升到 14 个席位，占 486 个总议席数的 2.881%，1972 年更是增加到 38 个席位，占 491 个总议席数的 7.739%。这一曲线脉络是很说明问题的。20 世纪 90 年代以后，抑制共产党发展的势头昭然若揭。“改恶”选举制度，使之更加有利于执政党便是一个途径。1994 年起开始实行的小选区和比例代表并立制的选举制度便反映了这一点。进入 21 世纪，特别是 2003 年以来，日本以财界为中心，公然掀起了“建立两大政党体制”运动，试图建立“最强的反共体制”，使得不能立即执政的政党被排除在选举的选择范围之外，这无疑加剧了日本共产党的困难处境，因而在当年的大选中，日共只获得9个席位（总议席数480个，占1.875%），这被称作选举制度“大改恶的结果”。这当然是一个令人遗憾的结果，但考虑到苏联东欧剧变后整个世界格局的变化情况、世界社会主义运动普遍处于低潮的大背景，以及日本国内排斥共产党势力的强势，也不能不说这依然是一个了不起的成绩。之后的日共依旧在积极探索参与选举的对策。2015年9月，日共提出建立“国民联合政府”的想法，在2016年夏季举行的参议院选举中，又倡议“在野党共斗”，呼吁在野党推举统一候选人，以对抗实力雄厚的保守执政势力。最终，包括共产党在内的4个在野党以及市民团体联合力量，向“在野党共斗”切实地迈出了第一步，成为战后具有历史性意义的一次选举。

日共的政纲，遵循了马克思主义基本原理，即在高度发达的生产力基础上建设社会主义。但基于日本的政治与社会现实以及日共自身的实际情况，它只能通过促使资本主义对社会建设与福利制度的加强，来具体体现自己的政纲。从七加子的自传，我们可以了解到，在实际操作中，日本共产党积极推荐候选人参与国家及地方议会选举，以期掌握行政资源。但跌宕起伏的选举结果背后，透露出在现行资本主义框架内，通过获取议会多数的途径实现社会变革，其过程不仅艰辛曲折，而且会非常漫长。

七加子在回忆录中介绍了不破哲三代表日共在国会综合提问中提出的几个问题。1974 年，不破提出“美国核潜艇的核泄漏调查”问题。他通过缜密调查和分析，严厉揭露田中角荣内阁利用不真实的调查数据来证明核潜艇的“安全性”，欺骗国民，从而促使日本政府在成立新的调查机构之前的 183 天，中止了美军核潜艇在日本靠岸。此外，不破还披露了日本和美国之间的核密约问题，指出了地震与原子能发电站之间的问题。七加子说，当今的日本，媒体几乎每天都在报道与核电相关的问题，但实际上没有一样是新东西，那全都是当年不破在议会提出并预见到的问题。

不破在国会中还提到撤销美军基地问题、物价问题、过劳死问题，等等。通过这些问题，人们可以知道，凡是关乎国计民生的问题，日本共产党总是挺身而出，站在前列，大声疾呼，采取行动，与资产阶级政权顽强抗争。到2003年辞去议员为止，不破哲三在国会先后与18位日本首相进行过交锋。他提出的许多问题，不仅在当时引起社会高度关注，而且至今仍被广泛关注。

上田七加子与不破哲三这对革命夫妻自相识以来，相濡以沫，风风雨雨走过60余年。他们从未改变共同拥有的理想信念与人生目标，从未改变坚贞不渝的爱情。正如他们在结婚誓言中讲的那样："我们两人在此结婚，宣誓永结同心，终生相依，并齐心合力，为世界的和平与解放大业，更加竭尽全力不懈奋斗。"这或许也是日本32万名共产党员的共同心声。如果把七加子夫人的回忆录与2011年出版的不破哲三自传《时代的证言》一并阅读，将会更全面地从理论和实践、政治的前台和幕后等多个方面，进一步了解并把握日本共产党的战后运动历史，也可以更加深入和细致地认识日本的当代史与当代社会。

七加子夫人的这本自传，还可以作为一本生动的、简明通俗的民俗史作品来品读。她笔下点缀出的日本民俗民风、人情世故，让读者有身临其境之感。在富含女性感受的笔触营造的柔和婉转氛围中，作者不知不觉把你带到了全书的尾页，让你了解了日本的政治、经济、文化、社会的种种变迁，最终，还有意犹未尽之感。全书从女性视角出发，作为人生的长辈，作者围绕女性、爱情、婚姻、家庭、事业等方面进行叙述，也提供给我们诸多极富睿智的启发。

译者

2016 年 9 月于北京

中文版序

——写给中国读者的话

人生在世，总会发生些意想不到的事情。我的书《无悔之路——与不破哲三共同生活》将在中国翻译出版，与中国读者见面，这对我来说，就是一件意想不到的事情。

我最初听说此事时，《论语》中的“有朋自远方来，不亦乐乎”这句话，不知为什么突然在脑海里闪过。我与译者郑萍女士，从她发表对这本书的读后感以来，通过信件有所交流，但至今不曾谋面，也没有直接对话。此前，她曾在信中讲到“想让中国读者读到这本书”的意思，但我没想到，这件事这么快就真的实现了。另外，据悉中信出版社的各位人士，欣然同意为素不相识的我出书，也让我颇感意外。

在大洋彼岸的邻国，经过未曾谋面的各位人士的努力，这本书才得以出版。人与人的关联之奇妙——况且还是越过大海的一种关联！这件事让人百说不厌。这是我的真实感受。

我今年已满 87 岁。在我的人生中，还会发生这样的事情！这种感受几乎无法用语言表述。真是感慨万分！

这本书不是小说。它写的是 1929 年出生的我，直到今天为止的人生经历，记录了不同年代、现在还留存在心中的一个又一个回忆。

我最早开始记事是三岁的时候，赶上外婆去世，于是我开始思考人为什么会死。这种思考一直延续到后来。

我的孩童时期，正值日本向以中国为代表的亚洲各国不断推进侵略战争的时代。所以，我是在军国主义体制下接受的教育。在那场战争的最后一年，也就是 1945 年 3 月 10 日，在东京大空袭中，我的家被烧为灰烬，幸运的是我活了下来。

出生在这样一个时代，应该怎样生活？战后，在年满 16 岁的时候，我开始思考这个问题。经过一番摸索，我找到了作为日本共产党党员的生活之路。1948 年，我在 19 岁时入党，到今年，党龄已经 68 年了。20 岁的时候，我与本书所写的与之“共同生活”的丈夫订婚。从那以后，我们开始了既作为夫妻又作为同志的共同生活，度过了漫长的 67 年的岁月。

正如郑萍女士在感想中写到的，我的生活与参与工人运动、市民运动以及选举活动密切相关。本书是对那些经历进行的如实记录。

当国别不同，社会制度、语言文化也不尽相同的中国读者拿起这本书时，会作何感想呢？这对于我来说，又增添了新的期待。日本与中国，自古以来就有密切的交流，如今更是咫尺的近邻。恳请大家不吝赐教，告知我你们的真实感想。

现在，日本的政治形势甚至成就了“市民革命”这样一个词。“维护宪法！”“不许再走战争之路！”——在这样的旗帜下，社会运动在不断发展壮大。特别是年轻人的行动，更是令人惊叹不已。他们比我参加革命活动时有更大的发展，不久，他们将会谱写出下一段新的历史。

对于参与中文版出版的所有人士，我要再次表示衷心感谢。祝愿大家身体健康，事业有成！

上田七加子

2016 年 6 月

序言

从2010年秋起，我的丈夫不破哲三在《读卖新闻》报社策划的《时代证言者》栏目连载文章，前后共29次。第二年，即2011年春，这些文章被汇编成册，由中央公论新社出版，书名为《不破哲三——时代的证言》。2010年秋，这家出版社发行的刊物《妇女公论》提出要采访我。那时，对于来自没有太多交往的妇女杂志的采访请求，尽管我感到惊讶，但还是应允下来了。接受杂志采访时的题目是“我与丈夫不破哲三的革命挚爱人生”。对这个题目，我原本有些难为情，但既然用到了我喜欢的“革命”一词，想一想，也的确贴切，于是就答应了。从2011年1月开始，连载三次后，杂志社问我想不想集结成一本书。因为我从来没有想过要把自己的半生写成书，所以着实为这个提议吃了一惊。

我很犹豫。就我自身而言，并没有特别的专业背景，况且社会上活跃在各个领域的优秀女性比比皆是——她们有些从事着与政治相关的活动，即使在日本共产党内，以党员身份努力工作着的女性也大有人在。因此，不论从哪个角度看，我做过的事情，都没有什么值得讲给人们听的，不过是些大家都在做的平常事而已。

然而，2010 年 12 月，我被检查出了乳腺癌，决定在第二年，即 2011 年 1 月做手术。幸运的是，癌症属于早期，并没有转移。仰仗优秀的医生们的精湛医术，所以也没有使用抗癌剂。在半年和一年后的复查中，都没有发现异常情况。在这几年里，我丈夫的哥哥和弟弟都去世了。再环顾周围，包括一些关系亲近的人在内，同龄人中，或去世，或生病，让人不得不回顾自己人生的场合增多了。恰值此时，出版社给了我一个以著书的形式来讲述人生的机会，我开始认为这是一件欣幸的事。我丈夫和女儿也在身后给我加油打气，推着我往前行。另外，还受到通过《妇女公论》采访结识的三木哲男先生、香西章子女士、古川美穗女士的鼓励，他们对我进行了大约20个小时的采访，多方面协助我做了许多工作。

人们常说，人生的路说长也很长，说短也很短。自出生以来，到年满83岁的今天，重新回首往事，各个年代发生的这样那样的事情，在我脑海中层出不穷，让人浮想联翩。

从没有人权也没有自由，以许多人付出生命为惨重代价结束的战前过渡到战后，再到成人后决定自己人生的这个过程（19岁），与日后成为我丈夫的不破哲三相遇（20岁），相恋、订婚、结婚（24岁），回想自己的青春，无论在什么年纪，随时都会被自己年轻时热情、奋进的精神重新感动。那些永不褪色的记忆，让我的人生变得如此丰富多彩。回顾丈夫成为国会议员、日共中央书记局长、日共中央委员长、日共中央议长等公众人物后的漫长岁月，应该说我是幸福的。因为这期间，与艰辛和劳苦的记忆相比，我更多记得的是自己在各个年代都竭尽所能、全力以赴地努力了，我很怀念那些在各个年代有过交流的、留给我记忆的人。

再次感谢相关人员给我机会，让我能够回顾自己无悔的青春和迄今的人生，并重新确认今后的方向。仅此为序。

上田七加子

2012 年 1 月 12 日

第一章

胜似男儿的少女时代

桐木衣柜的记忆

在我家二楼，有一个桐木小衣柜。那是一个和我一样经历了 83 年岁月磨砺的旧衣柜。材质并非上好，但因为是我出生时外婆送的，当时里面还装着婴儿服和尿布，所以我一直很珍惜它。现在，每当看到这个小衣柜，都仿佛能够感觉到我与外婆之间那看不见的生命的连续，从而产生一种奇妙的心情，尽管我现在连外婆的模样都不记得了。

1929年2月21日，我出生于长野县[①]诹访郡（现诹访市）。具体说，是在诹访大社本宫的上社附近，那儿以御柱节[②]闻名。父亲后町一布，姓后町、名一布；母亲名叫千代。我有一个年龄相差14岁的弟弟，叫昌俊。

父母两家都是诹访的农民。父亲家在远离诹访市区的一个叫中洲下金子的地方。家里有法事的时候，会去市里的贞松院。这家寺院的院徽是葵花纹，院名取自诹访城主夫人的法号，寺院里有她的墓地，还有德川家康之子——松平忠辉的墓。据说，忠辉被将军家疏远，人生中的最后五十几年都在诹访度过。遵照他的遗言，死后葬在贞松院。寺院住持给我看过的忠辉遗物中，还有经历了织田信长、丰臣秀吉、德川家康之手传承下来的“野风之笛”。我母亲的娘家还有铠甲、头盔、长矛，应该是依战国时期习俗遗留下来的东西。当时的农民平常

① 日本的行政划分中，“县”相当于中国的“省”。——译者注（全书脚注均为译者注）

② 御柱节，是长野县诹访地区的神社诹访大社举行的更换柱子的祭奠活动，每7年举办一次，是日本三大奇祭之一。

时在家种地，一旦开战，就会出征上战场。

小学入学前，与家人和店员在父亲的紫菜店前合影
（东京下谷御徒町）

父亲想放手一搏、干点儿事业。所以，在我三岁的时候，我们举家搬迁到东京，在东京都台东区下谷御徒町的市营电车（1943 年改为东京都营电车）经过的昭和路上，开始经营一家卖紫菜的商铺。之所以经营紫菜店，是由于我们投靠同乡的缘故。当时初来东

京的人，都会投靠先到东京的同乡人。那些同乡，他们从学徒做起，然后自立门户，经营某种生意后，会允许后来的同乡跟他们的老店使用同一个字号开店，于是在东京就出现了一些根据天然的乡里关系形成的职业倾向，比如，长野地区人开办的“长野紫菜店”、新潟地区人开办的“新潟澡堂”之类。

我最初记事，刚好是搬到东京前后，也就是三岁左右。为我准备了小衣柜的外婆去世，在诹访举行了葬礼。我记得，有好多大人聚在一起，弥漫着某种不寻常的气氛。外婆的脸上盖着雪白的布，旁边放着一口棺材。棺材也不是那种长方形的，而是时代剧中出现的那种圆桶形的。桶比我还高，看着感觉很大。

同龄的表兄弟们凑在一起玩着玩着，大家就开始围着棺材追跑起来。叔父见状，呵斥道：“不许在棺材周围跑！”看见叔父吓人的面孔，我当时想：啊，发生不许闹腾的大事了！老话不是说“三岁看到老”吗？从那天开始，对“死”的兴趣和疑问，不知不觉地在我心中深深扎下了根。

我上小学之前，在东京的平民区生活，自己有浴室的人家还很少，老百姓通常都去公共澡堂洗澡。我一去澡堂，在更衣处就会问："为什么人会死呢？"这似乎难倒了母亲。不知为什么，每次洗澡脱光衣服后，我总要问这一个问题。至今我还隐约能够想起在澡堂向母亲提问时自己的心情。光着身子站着，那种毫不设防的状态，在孩子心中是恐怖的。或许是那种暴露无遗的、生命的无依无靠和无所适从的感觉，让我联想到了"死"。

对于"死"的兴趣，在那之后变换了形式持续着。与其说是对"死"害怕或者伤心，更多的是对于"死"的一种单纯的疑问：什么是死？

大约到17岁的时候，我认为要了解"死"必须得学点儿哲学，所以曾经有一个时期，又是读哲学书、又是写文章。其中有一篇题为"关于'死'的一点儿思考"的文章，至今仍然保留在手头。文章的开头一节是这样的：

> 人们对死进行了各种各样的解释。有人选择给死赋予宗教、神秘氛围的美丽色彩，并通过神来梦想死后的极乐净土。有人试图对它进行哲学的、科

学的追究并因之而苦恼。或是因为有死而试图接受生的享乐，或是通过谈论人性而赋予死以某些意义。有人被无法言喻的不安袭击，试图远远地逃避死这个问题……

现在读起来，全是些让人感到狂妄和难为情的内容，但当时，我的确很认真地想要对“死”得出个自我的解释。那种想法，一直持续到多年以后。

我跟不破结婚时，他听到我念叨“什么是死”，于是问我：“你还记得在你妈妈肚子里时的事情吗？”我当然不记得了。他又问：“那之前的事呢？”更是什么也没有了。于是丈夫极其简单明了地回答我说：“死了以后，就跟那是一样的。”我还记得，自己从孩提时代就在思考的疑问，被他这么一说，一方面觉得大煞风景，但另一方面也感觉“就是这样啊！”故而莫名其妙地信服了。

虽然我对外婆没有什么记忆，但每次看到小衣柜，就会想起第一次参加的葬礼。人生的第一个记忆，毕竟是会对人产生巨大影响的啊！总之，这是一个我从孩提时期开始进行的，关乎如何珍惜生命的诞生，如何生活，直至死亡的探索过程。

绝不容忍男人欺负女人

除了对死亡的兴趣外，我在少女时代时大体上是开朗、活泼的。我特别擅长跑步，赛跑时绝不输给男孩子。在东京平民居住的下谷区（现在的台东区）练塀小学读一年级时，曾经被选作下谷区竞赛运动会的代表选手。

其实，刚开始我并没有完全发挥出实力，所以在第一次预选中落选了。对于这个结果，我怎么也不服气，所以请求老师再让我跑一次，老师答应了我："那，就一次啊！"

我被同学指责说："就后町一个人跑？赖皮！"但我没有退却。我想得更多的是，既然不顾大家的批评，得到了重跑的机会，我就一定要拿出成绩来！想着这些，我拼命地跑。并且又通过了之后的预赛，被选为学校的代表选手。这次运动会的结果是，留下了一张下谷区区长颁发的一等奖奖状。

仔细想来，我从小就不服输。"无论智力还是体力，都绝不愿意输给男孩子”，这种心情尤其强烈，所以只要听说男孩子欺负女孩子了，我随时随地都会飞奔过去，当即还击。

小学低年级时，身边有一个男孩儿总爱捉弄女孩子，我提醒好多次他都不改。于是一番思考后，我决定和男孩儿的母亲直接谈判。

庆祝“七五三”节[①]留念（6岁，1935年）

① “七五三”节是日本儿童的节庆。男孩满3岁和5岁、女孩满3岁和7岁时，当年的11月15日，其家人要去神社参拜，感谢孩子健康成长，为未来祈福。

正当我在向他母亲抗议时，男孩儿本人回来了。他妈妈一看见儿子，劈头盖脸就骂了他一顿：“瞧瞧，你都干了些什么！”男孩儿连解释的机会都没有，便哭了起来。我心里想着他也挺可怜的，就匆匆离开了现场。如今回想起来，他的行为其实并不是现在说的那种“欺凌同学”，不过是淘气的男孩儿会干的调皮的事情而已。但我就是不能容忍“因为是女人”这样的理由，就被男人欺负的事情。

我有一套自己编造出来的理论。1945 年战争结束之前，天皇被称作“现人神”，不是和我们一样的“人”，而是具有人的身形的神。我们这些孩子很认真地讨论过“神也会吃饭吗？也去厕所吗？”等问题。毕竟是神嘛，所以日本天皇肯定是最伟大的。但是，他的祖先是天照大神，天照大神难道不是女性吗？“所以，女人比男人伟大呀！”我拿出这套理论时，对方基本上都无法反驳。

战前是一个男尊女卑这种有偏见的价值观横行的时代。但幸运的是，我从不记得父母对我提出过“女孩子要老实温顺”之类的要求。或许是这个原因，我加入日本共产党以后，才把“与男性优越主义做斗争”作为自己的口号高高举起。

父亲被征兵和母亲的奋斗

前面说到，战前的天皇是“现人神”，这在当今社会几乎可以说是难以想象的特殊现象。

在日本，天皇是唯一的主宰，国民统统都是他的家臣；日本是由神主宰的“神国”；以天皇名义进行的一切战争都是“圣战”——战前，我们彻头彻尾地接受了以天皇为中心的军国主义教育。孩子们在整个义务教育期间，被灌输《教育敕语》[①]。学校里必定悬挂着天皇的照片，每次举行活动时都要对着照片叩拜。

当时规定，在报纸、杂志上看到天皇、皇族的照片，要剪下来，马上拿到被称作“奉安殿”的地方去献

① 《教育敕语》是1890年明治天皇颁布的关于国民道德的根本、国民教育基本理念的指令。重申日本教育的目标是培训天皇忠顺的臣民和父辈的孝子，把日本的教育公然引上军国主义道路。1948年被废止。

纳。那时很多人家把报纸之类的用作如厕的手纸，如果不留神用到了天皇的照片，就会被视为“大不敬”。

我出生两年后，1931 年发生了“满洲事变”[①]，点燃了日本与中国之间的战火。第二年发生了“上海事变”[②]。到我上小学后的第二年，即 1936 年发生了“二二六”事件。1937 年在中国发生了“卢沟桥事变”。日中战争眼看着就要打起来了。我开始懂事时，日本正处在这样一个一步步走向战争的年代。

“八纮一宇”“武运长久”“国民精神总动员”“大东亚共荣圈”——1941 年太平洋战争爆发后，“击灭英美”“鬼畜美英”这些口号，没有一天在报纸和广播中看不到或听不到。

在这样的时代气氛中培养出来的人，会认为提出前面那些口号是理所当然的；对于他们毫不怀疑地接受那些思想，也不能过于指责。与我相差一岁的不破也说，他自己当时也是一个普通的军国少年，相信“日本绝不会战败”。

---

① “满洲事变”即“九一八事变”。

② “上海事变”即淞沪会战。

当今的年轻人，即便听到“军国主义”这个词恐怕也无法理解其本质。但是，战前与战争期间，是“自由”“人权”“民主”——现在人人都理所当然地使用的这些词语——根本不存在的年代。

我家在经营紫菜店时的生活还比较富裕，家里雇有一个照顾我的“姐姐”。过新年时，“姐姐”让我穿上长袖和服，骑着当时还算稀罕的自行车，带着我到处去拜年。因为盛装的腰带勒得难受，所以我不喜欢穿正装，但让人欢喜的是，可以从各处拿到压岁钱、小点心之类的，所以我也就忍着难受跟着去了。

那时候，家里经常会有乞丐来。挨家挨户乞讨，样子很让人觉得可怜。我总是同情他们，不管是小点心还是其他什么的，只要手头有的都给他们。慢慢地，我不仅仅觉得他们可怜，头脑中还生出种种疑问：为什么这些人穿得这么脏，还必须不断地向人低头？为什么不劳动？到底是谁的错？我发现了社会的不公平和矛盾，但我还是个孩子，所以也无能为力。

到小学三年级的时候，“红纸”（入伍通知书）来了，父亲被征兵上了战场。这样一来，我们不得不关闭紫菜店，家境也一下子困难起来。

父亲出征后，还没有领到军饷的那段时间，家里靠母亲帮人做衣服之类的来支撑生活。母亲是个手巧的人，像旅馆的浴衣之类的，她一个晚上能缝制出十几件来。我经常看到她帮人家做新娘穿的嫁衣。做那种豪华服装，肯定是能拿到一小笔钱的。

后来，父亲从战地回来过一次。因为当时实行着种种管制，所以紫菜店没能马上重新开张。偏偏就在这个时候，店铺在 3 月 10 日的东京空袭中被烧了个精光，接着父亲又被征兵征走了。最终，直到战争结束，我们的生活都不轻松。但即便这样，我也从没听母亲抱怨过什么。

送去战场的慰问袋

父亲被征兵总共有两次，1937 年和战争结束的 1945 年。

第一次是攻打南京时。一年后，父亲于 1938 年回国。日本侵略中国时，较早参加战争的士兵，似乎也较早地复员了。

战争期间，因为顾忌周围人的耳目，父亲没有过多地谈论在南京和战场上的经历。他自己似乎非常痛苦，不愿开口。直到战后，他才终于断断续续地开始讲述那时的一些事情。

今天，实际了解那场战争的人越来越少了。趁着能够传承的时候传承下去，是知情者的责任。因此，我在这里想把从父亲口中听到的战场上的事情以及我自己的战争体验告诉大家。

父亲第一次被征兵时，全家人一起去诹访大社，与同一地区即将出征的人一起举行了壮行会。大家还请一千名妇女配合缝制了“千人针”——用红线在一块白布上每人缝上一针，传说把它缠在腰上上战场，可以避免被枪弹击中。征兵通知书一到，家里人、周围邻居都来帮忙，大家一起缝制“千人针”。

我们这些孩子，也上街去请求路人：“请您在‘千人针’上缝一针。”几乎所有女性在受到请求时，都不会拒绝。当时的氛围是，不缝上一针的人才是奇怪的。自然，父亲出征时，我们也是做好“千人针”让他带上的。从战场上回来后，父亲讲，在前线根本无法洗澡。所以几天后，“千人针”就成虱子窝了。

欢送出征战士“三呼万岁”，也是孩子们的工作之一。

替天讨不义，我军忠勇乃无双；欢呼声相送，今朝出离母之邦；不胜不生还，宣誓之心勇而亮。

那时总是唱这首歌，以至于我至今还能记得歌词。边唱歌边摇晃太阳旗，欢送出征的士兵。

“七五三”节时与父亲后町一布（3岁，1932年）

与母亲后町千代（5岁，1934年）

父亲把这些照片放在军人证里带到战场去了。

听说父亲要去打仗，作为孩子的我，与其说悲伤、担心，不如说感到骄傲：“爸爸是去参加为天皇陛下的圣战的！”但是，被欢送走的人，可能又是另一种心情。战后，我曾经听父亲讲：“我忘不了在战地领到的慰问袋。”

所谓慰问袋，就是送到战场上去的口袋，里面装着一些日常用品、护身符、鼓励士兵的信等。其中在信件上，年幼的孩子用歪七扭八的字写着很吓人的内容，如：“请您多取敌人的头”，“请您为祖国英勇地死”，等等。

我说“吓人”，当然是从现在的感受来讲的，但当时大家都认为那是理所应当的。相反，如果有不同的想法并表达出来，就会被警察、宪兵带走，或是拷问，或是被杀。

听父亲讲，他在前线收到慰问袋时，一方面勾起对祖国的思念，另一方面，读到出自可爱的孩子之手的杀气腾腾的信，心中有说不出的难过。

接到征兵令一周后，父亲就到达了杭州湾。但是部队在到达目的地之前，他们什么也没有被告知。自己会被带到哪个战场去，在那里会执行什么样的作战任务，这些都是到达后才知道的。

父亲说，他们彻夜行军，到天空露出鱼肚白时，看见小运河里漂浮着无数尸体，而且都不是完整的尸体。那些人被炮弹击中后，眼球、脑髓、肠子都迸出来了，死得特别惨烈。

刚刚登陆的士兵看到这种情景，恶心、吃不下饭。但是，过一些时日后，大家就能把浮在水面的尸体拨开，用饭盆舀水蒸饭，若无其事地吃饭了。因为如果不这样做，自己也会死掉。

好几支部队通过不同路线向南京进攻，但对方从高处射击。在高处的人可以一览无余地看到下面，所以父亲讲："哪怕有一条小沟壑，也想缩头钻到里面去；即便是一棵草，也认为它能成为抵挡子弹的盾。"

据说，刚开始时，无论长官怎么命令士兵"前进！前进！"，大家还是害怕，一动不动。于是，便发生了站在后面的长官朝部下开枪的事情。然而，长官也会中弹死去。你完全不知道子弹会从哪个方向飞来，很难说前面的人一定危险，或者后面的人就一定安全。

就这样，看着刚刚还在身边走着的人，一个接一个地死去，但还要继续前进。父亲的部队登陆后，大约花了一个月时间，攻入了南京。就在这个过程中父亲也死了很多伙伴。最初的时候，他们还把死去士兵的遗骸抬着跟在队伍后面，并为死者的遗属搜集一些遗物带着，没过多久，已经无暇再顾及这些了。因为，能让自己勉强活下来就很不容易了。

部队不停地走，却吃不上像样的伙食，还要眼看着伙伴一个个死去，因此，平常人的感情、同情心，全部荡然无存。如果还保有这些情感，自己也会被杀死。

电影之类的文艺作品中表现的士兵都高呼着“天皇陛下万岁”而英勇战死，父亲说，实际上没有人那样做，士兵最后呼喊的肯定是母亲或妻子的名字。

父亲说，他自己从“南无阿弥陀佛”“南无妙法莲华经”到“阿门”，可谓把知道的神佛的名字全都念诵了个遍。士兵中还有人因为极度疲劳和恐惧导致精神异常，赤裸着身子就跑到敌人面前去而被打死的。部队攻入南京时，士兵们已经经历了太多体验。在这种情况下，他们怎么可能认为“啊，终于到了，太好了！”然后立即恢复到正常人的情感模式呢？

父亲的部队似乎在南京陷落后立即转移到其他地区去了。

现在，日本军队入城后的“南京事件”[①]成为一个大问题。有很多记录证明日军司令部驱使这种丧失了人性的军队，大规模地强制推行了丧尽天理的“残敌扫荡作战”。在那个长官命令就是“绝对”的世界里，在这场“作战”中牺牲了多少中国人，从父亲的言语中也能充分想象出来。

参观花柳街吉原

若说在战前和战争期间毫无自由、完全是黑暗的日子，也并非这样。日军在南京取得胜利时，大街小巷都点亮了灯笼庆祝，像过节一样热闹，报纸和广播报道的都是“日本军队在南方战线的战争中获胜”等“好”消息。虽说是战争，但当时国内并没有紧迫感。

1941 年，12 岁时，我进入了住家附近的东京府立

① “南京事件”即南京大屠杀。

第一高等女子学校（都立白鸥高等学校及其附属中学的前身）。

同一年，日本攻打珍珠港，直接参加了太平洋战争。即使这样，直到战局真正变得严峻为止，我还是度过了一段普通学生生活的快乐日子。

第一高等女子学校入学时（12岁，1941年）

在学校，我和小伙伴们一起给老师起外号，我还热衷于参加田径队的跑步运动。我擅长的科目是体育和国文，也喜欢写作文。印象最深的是，物理不及格的“赤点事件”。

对物理本身我是感兴趣的，但或许由于老师的授课方法，总之我觉得很无趣。我认为老师也感觉到了我的想法，但我还是很认真地做作业。然而，有一次，有个同学自己没做、抄了我的作业，满分十分制中，老师给了她八分，我却得了红笔标注的四分，不及格！第一高等女子学校规定，两次不及格就要留级。我感觉“这完全是不当的歧视”。

于是我采取了行动。我听说那位老师用自己学生时代记的笔记来上课，所以我就去教研室对老师说：“老师，上课我听不懂，请把您的笔记借给我看看。”我自己也觉得做得太大胆，老师也大吃一惊，断然拒绝了我：“这个不能借给你。”不知是不是这次行动奏效了，之后我再没有得过不合理的不及格。

之后，通过“选举”，我被选为班级委员。通常情况下，班级委员是学习好的同学才能担任的，不及格的学生当选属前所未闻。连我母亲都被叫到学校，接受老师忠告：“我们学校，之前从没有不及格的学生当班级委员的情况。所以，一定要让她好好学习，不然我们也很为难。”对于我来说，又不是我想当委员才当的，所以觉得这件事也挺没道理的。

不知什么原因，我在小学时代被起了个外号，叫“长髓彦”。乍一听发音我贸然断定是“因为我腿长、能跑，所以才这么叫我的”，因此倒也没感觉不好。但我仔细问了别人，才知道似乎并非那样；又查了书才明白，“长髓彦”在日本神话中，是神武天皇东征时最先反击天皇的人，是所谓的逆贼。

后来，也是原因不明地曾被叫作“足利尊氏”。足利尊氏也是朝着天皇拉弓射箭的逆贼。与现在不同，那个时代的逆贼是非常不光彩的，因此我感觉在人前被叫那样的外号难为情，很是郁闷了一番。

我并不是从那时就开始主张反战或是讲些反对天皇制的言论的。当时我真是随处可见的、极其普通的军国少女。因此——当然这是我的想象，或许是因为我给人一种不服输的强势、不轻易地服从权威的印象，所以才被起了那样的外号。

在第一高等女子学校时代，还有一个与战争无关的记忆。

大概是15岁的时候吧。同班同学中，有个同学的父母在花柳街吉原开妓院。吉原通常是禁止女人踏入的，但一年中有一次允许女性进入。于是，我拜托那个女孩子，去她家玩儿了一趟。

我小时候好奇心旺盛，没见过的东西就想看看，这种渴望似乎比别人强一倍。那阵子，刚好在读樋口一叶的作品《青梅竹马》等，所以也想探究小说、戏剧舞台的灵感来源。还记得当时我兴趣盎然地想着："这可是难得进去的地方，可得好好看看！"我的心扑通扑通地跳着，和两个朋友一起从见返柳大门下穿过。

在古装剧和电影之类文艺作品中，会出现好多妓女招揽客人的场面。她们在木格子屋里面坐着，口中说着"不进来瞧瞧？"我想象的也是那样的情景，但实际上只有一个女性坐在像是公共浴池入口分号台那样的地方。其余的就是在玻璃窗中，摆着很多女性照片而已。当时想："啊，实际上是这样的啊！"或许也是由于太平洋战争已经开始的影响吧。

后来，我们三个朋友还在聊天时，她家里人过来说"有客人来了，你们出去吧"，然后我们就被赶出来了。

冒险就这样遗憾地结束了。那时，花柳街上还隐约保留着江户时代的韵味。战争之后，所谓的“红线”（公认的卖春地带）就被废止了。

军国少女的疑问

父亲第一次被征兵后，一度从战场回来，大概也就从那个时期开始，阵亡士兵的遗骨也能被送回来了。这时候，与出征时的热闹气氛不同，静静地，家属去迎接骨灰。30~50 人的骨灰送到车站时，我们这些小学生也一定会被动员去迎接。

离家时活蹦乱跳、健健康康的一个人，一年左右的时间就变成一抔骨灰回来了。据说，起初时还把遗骨好好地装在骨灰盒里，后来渐渐地也顾不上把遗物和遗骨送回来交给遗属了。过了三四年后，送回来的骨灰盒里装的就不再是骨头，而是石头了。等到战争快结束时，更是变成只用一张纸片就算通知死亡了。我们这些普通市民渐渐开始懂得，战争是如此残酷。

军靴的声音，一天比一天更响亮。任何人口中都绝不会说出“日本开始打败仗了”之类的话。报纸、广播报道的都是连战连胜。我们也都相信报道，还有很多人真心认为，“最后会刮起神风”。战争期间的教育，进行得就是这样彻底。

不知什么时候开始，形成了国民团结一致、奋不顾身地支持战争的体制。哪怕稍有异议，就会被诽谤为“非国民”。就连妇女烫发，都要被人用批判的眼光看待。

> 烫头烫头烫过头，看着看着变秃头，秃头上面三根毛，哎呀，羞死啦，羞死啦，大家不要烫头啦。

街头巷尾都唱着这样的歌，以至于我现在还记得。

按说婚礼上人们讲究穿着是合乎常理的。但在真正的战时体制下，对国民的束缚已经扩展到方方面面。所以，“奢侈是敌人”“我们不想要，直到战胜为止”“本土决战”“一亿玉碎”之类的口号，也变得越来越悲壮。

普通市民对战争的愤怒情绪，直到战后才公然表露出来。若是现在，有点儿事情立即就可以说“集会反对吧”，并付诸行动。但当时言论自由、结社自由统统都不存在。战争期间，对共产主义自不必说，对民主主义也进行了彻底镇压，我们都有过这样的经历，因此，被说成是“赤”有多么可怕，那种恐怖感深深刻在了记忆中。所以，即使到战后，很多人对“共产党”也敬而远之，而这也刚好印证了战时体制的惨烈程度。

攻打珍珠港后的第二年，1942 年 4 月，东京遭受了第一次空袭。在这次空袭中，有一个每天放学后跟我一起训练的田径队朋友遇难了。空袭之后的第二天早上，我一到学校，就被其他同学问道：“听说佐藤在昨天的空袭中死了？”我当然又惊讶又难过，但最强烈的还是一种不现实的感觉：“那是真的吗？”就在前一天中午，她还活蹦乱跳的。我甚至还记得她在我旁边的跑道上，跑完下来身上散发的汗水的味道……

1943 年，我上女校三年级时，国内局势变得严峻起来。学校也无暇顾及学习了。从戒指到其他所有的贵金属，都被指定要义务“缴纳”，用来重新打造成兵器。还记得我把跑鞋上的金属钉子都上交了。我当时着实产生了疑问：交出这些东西能有什么用处呢？没有了跑鞋，跑步时变成穿胶皮底的袜子跑，所以速度也完全不同了。再后来，连穿胶皮底袜子跑步的机会也没有了。

“学校工厂”也是在这个时期出现的。战争中使用的机器、兵器等，都由动员起来的学生制造。我们学校里也被搬进来了车床，学校变成了生产飞机上安装的无线电的工厂。有专业工人来到学校，指导车床的操作方法等。在铝制的矩形盒子上钻开一个洞，把红色、黄色的线放进去，再封盖好。

我内心在想：“像我们这样的十五六岁的女学生做的无线电接收机，能用才怪呢！”所以有一次，我有一搭无一搭地问工人：“就这样我们做的东西，真的能用吗？”果然工人回答道：“能通过检验的，一百台里面大概能有一台吧。就这一台，即使装到飞机上，也根本不能用。”造出一些不能用的东西来可怎么好啊？我当时产生了很大的疑问。但是，我也是一个军国少女，所以只有默默地继续配合着。

学校的制服也变了。原本第一高等女子学校是日本最早采用开胸、高腰的波雷诺制服的学校。是那种像法国女学生风格的，很时尚、很漂亮的制服。然而，等我们入学时，变成了椭圆领的挺土气的上衣，也没有领带了。到学校变成军工厂的时候更是变了模样，别说制服了，裤子上面还要裹上绑腿，头上戴着防空头巾，胸前缝着写有姓名、校名、血型的姓名牌。

第一高等女子学校三年级（14 岁，1943 年）

战况越来越严峻，不久，真正的空袭开始了。空袭警报一拉响，大家都一溜烟地跑到防空洞藏起来。不过，我总是走到洞外面，仰头看着天上的B–29 轰炸机到底飞到哪里去了。别人都告诉我说这样很危险，但我不看一看，反倒不安心。起初的时候炸弹是投落到神田方向的，渐渐地，B–29 轰炸机开始频繁地飞到我们居住的御徒町周边了。当时的女校是五年制，但因为战火变得猛烈起来，所以根据战时特例改学制为四年。

每当空袭来临，广播里就播放“启动警戒警报令”“启动空袭警报令”。这时有一句固定用语是“东部军管区司令部发布”。军管区司令部位于竹桥，所以空袭通知是从那边传过来的。基于这种情形，我和朋友决定，等我们3月份从女校毕业后，也到那里去帮忙，为国效力。然而就在1945年3月10日，我们遭遇了大空袭。

东京大空袭

敌机飞到东京上空，高射炮从地上砰砰地向上发炮迎击。看到这种情景，我们不由得很自信地想：“啊，我们在战斗着呢！”然而，当B–29轰炸机开始飞来时，情况发生了变化。B–29飞得很高，高到日本的轰炸机和战斗机难以企及，即便高射炮也射不到它。我总是跑到防空洞外面去看天空，所以渐渐根据爆炸声就能判断是不是B–29轰炸机了。B–29轰炸机飞来的次数，一天一天多起来了。

于是到了 3 月 10 日。

通常看到的在天上的B–29 轰炸机机体显得很小，但这天由于是低空飞行，所以看得非常清楚，甚至用肉眼都能看得见B–29 轰炸机接二连三地向下投燃烧弹的情景。油桶大小的桶里，装着好几枚燃烧弹，噼里啪啦像雨点似的落下来。当时的房屋大多数都是木制结构的，所以燃烧弹一落下来，不一会儿，四周便一齐冒出火焰。刚开始时，人们还四处奔跑着灭火，但根本来不及。

我们家因为父亲从战场复员在家，所以母亲背着刚出生的弟弟，一家四口得以一齐逃了出来。我们先是把全部家当尽可能地装上一辆两轮推车。我想把装着有田径队时的照片等重要东西的小匣子也放上推车。大概也是情势急迫引发的蛮力吧，我的手用力过猛，刚一拿起匣子，它居然稀里哗啦地散架了。也不知怎么回事，里面还装着一瓶香水。烟雾从四周滚滚迫近，必须刻不容缓地逃跑了。这当中，唯有浓浓的香水的味道在四周飘散着……回想起来，这些事情仿佛就发生在昨天。

从前开紫菜店时的钢筋结构的大楼就在附近。我们以为那里会是安全的，于是一家人拉着小推车先去了那里。当时我们万万没有想到，周围一片全都被烧掉了。

漆黑的烟雾贴着地面朝我们眼前的昭和路滚滚涌来。昭和路在关东大地震后，为防灾进行了重新设计、扩宽了路面，所以是一条大马路，路宽足够当时的市营无轨电车通行。火焰能涌到这么宽的路上来，即便亲眼所见，也难以置信。

过了一阵子，开始从天上噼里啪啦地往下掉火星。已经不能再磨蹭了。我想着把能拿的东西都拿上，所以用一块包袱皮把锅碗瓢勺包起来抱着，就开始跑。父亲和我穿的是皮鞋，而母亲穿的是木屐，还用背篼背着刚出生 4 个月的弟弟，所以跑起来很费劲。

我们最先是想朝上野方向去的。但发现越往前跑，火势越旺，四面八方都没有不着火的地方了。我们想这样可不行，于是掉回头，从鸟越神社路径直朝隅田川方向逃去。我们原本想的是，只要能在藏前桥过了隅田川就总会有办法，然而却听有人说："桥上有好多死人，过不去隅田川了。"

跑昏了头的人们，打那边来的、从这边去的，朝右走的、往左跑的，东奔西窜、四处乱撞。谁也不知道该往哪儿跑，也没有人指挥或是广播提示。无奈，我们只能又折返回来，顺着国际路，朝北边浅草寺的雷门方向跑。过了雷门，再往前走，从浅草到上野之间，有很大一片被火烧过的废墟。那一片地方，能烧的东西全部烧光了，火势很大程度上开始收敛。等全家人总算在那片被烧过的地方落下脚时，天已经开始蒙蒙亮了。我们一家四口没有走散，还能在一起，这是非常幸运的一件事。

周围的房屋燃烧殆尽，上野的山丘一览无余。在冒着热气的火焰中，绯红的大太阳渐渐升起。当我看到太阳的一瞬间，第一次切实涌上一种感觉："啊，我活下来了！"

洗干净熏黑的面孔，到中午时分，回到我家所在的地方，发现四周已经完全烧成一片空地。这当中，孤零零地，只有研钵倒立在地上，呈现出富士山的形状。我想试试它是否还可用，就用手去拿它，却发现它热得几乎能烫伤人，刚一碰就啪嗒一声一下子裂开了。其他的东西什么也没剩下。

接下来，父亲马上被动员去清理被大火烧后的废墟，他很严厉地告诉我们："最好不要去隅田川。"父亲最先的工作好像是把漂浮在隅田川上的烧死的人的遗骸集中到桥下，用卡车运到上野的山上，在那里挖一个大坑，把尸体一具一具埋进去。我想，当时的情形，应该是即便在战场上见过无数尸体的父亲，也非常不愿意让自己女儿看到的。

后来我去了从父亲那里听说的上野山上的那个地点，只见到开阔的土地上，立着一根木头的墓牌，看不出做过任何祭奠的痕迹，很凄凉，我只有一味地低下头。那是遭到空袭不久后的一天。

后来，从1948—1950年，掩埋的遗骸都被挖出来火化了。据说不知姓名的、没人认领的，总共有8万具。1951年开始，又决定全部安放在东京都慰灵堂（位于墨田区横纲）。这当中，一定也包括那座上野山上的人吧。

空白的记忆与终战

从那天开始到战争结束为止的事情，我断断续续地出现一些记忆的空白，不能全部回想起来。家被烧掉之后，我们好像先在浅草的松屋百货店地下室停顿了一阵。我还记得最初时，母亲和还在吃奶的弟弟也跟我在一起，但不久，他们二人就回了诹访。之后，我和父亲好像和其他好几个人一起，在离上野不远处的下谷神社附近一栋没有被大火烧掉的房子里生活。别人给了些大米，我们用土锅来蒸饭，结果土锅裂了，饭也没做成。这段记忆与对那个家的印象重叠在一起。后来，我们又去找了另外一个住处，之后，父亲的征兵令再次到来，我就一个人又回到松屋的地下室。我记得的经过大概就是这样。

母亲和弟弟回老家时，我也去新宿送行了。刚到新宿车站，就响起空袭警报，于是我们赶紧往淀桥净水场方向逃。现在这里已经变成高楼林立的大街了。

战斗机飞来，机枪噼噼啪啪地扫射了一通，我们总算躲过，得以逃生。母亲和弟弟顺利地坐上火车，回长野去了。当时的情形很糟糕。列车虽然没有停运，但不知道几点发车；车厢内挤得水泄不通，人们基本上都从窗户上车。

父亲再次被征兵后，被分配到松本连队。据说，入伍后才知道，制服和枪支弹药已经不能满足士兵人手一份了。和父亲一起被征兵的，全都是退伍老兵。人员和物资，都已经濒于罄尽了。父亲讲，他被分配的任务是挖地道，修建地下大本营。或许也是因为这个原因，才不需要制服和枪支弹药。

与父母分开后，16 岁的我，独自在浅草的松屋百货商场的废墟中生活了一段时间。百货商场与东武电车起点站相连接的地下通道——现在的食品卖场所在地——没有被烧到，勉强还能住人。这里是钢筋建筑，还有自来水可用。一些自家被烧掉的人聚集到这里，用三合板等做出一个个隔断，像避难所那样，各家各户在里面生活。

我把起居地定在那里，白天就跟朋友一起去位于竹桥的东部军管区司令部帮忙，这原本是在女校时代就打算去做的事情。直到战争即将结束为止，我都往返于这两点之间。但是，每天吃饭吃了些什么？怎么吃的？洗衣服是怎么解决的？凡此种种，我想，为生存下去，我应该做了很多事情，但无论怎样回想，记忆就是不完整，断断续续的。现在分析，之所以任由我怎么拍打脑袋，记忆也连贯不起来，还是因为经历了 3 月 10 日的大空袭的缘故。当时，我担心母亲和弟弟的安全，尽我的能力拼命地遮挡着掉下来的火灰，东奔西逃。那次经历太过强烈，刻骨铭心地留在脑海中。并且，实际体验了战争后，军国少女的思想也开始崩溃。看见了不想看的现实，却谁都不说那是真的，那种状态更令人窒息。或许由于这些原因，我下意识地也想抹掉一些记忆吧。在还是孩子之时，我原本以为战争是在日本之外发生的，然而到我进入少女时期，敌机竟飞到自己头上来，最后居然把连同人在内的一切都烧了个精光。如果这是战争的真正面目，之前的生活也好、教育也好，又都是怎么回事？这些疑问涌上心头，抹也抹不掉。

在松屋的废墟里，三合板隔壁的人烟渐渐少了。竹桥的军管区司令部里，敌人的情报接连不断地传进来，却完全没有日本胜利的消息。局势不利已经十分明显，但人们内心还在想：会刮神风的，日本不会投降的！

美国投下原子弹的消息是在报纸上读到的。我记得，最初报纸上只报道说是“新型炸弹”，好像并没有写是“原子弹”，只提示“防御可穿白色衣物”。几天后，战败的消息，我是在军管区司令部或是松屋地下室独自生活时得知的。

1945 年年初，对于战争的走向，政府和军队高层应该已经十分清楚了。如果不拖延停战决定，再早一些，哪怕再提前半年做出决断，就不会发生一夜之间烧死近 10 万人的东京大空袭，也不会发生对各地方城市的空袭以及 4 月初开始的冲绳战役（平民死亡十几万人），更不会有对广岛、长崎投下原子弹造成近 20 万人的牺牲。仅这几项，就会挽救多少人的生命啊！想起这些，尽管六十几年过去了，对于那些悍然发动战争，因一己之私而全然不顾牺牲国民生命、持续战争的体制和政治、那些指挥者，我至今仍不禁感到强烈的愤怒。

不久，人们开始到处传说美国兵将要在日本本土登陆。到处都在嘀咕：“年轻女性不知会遭遇什么呢！”因为家人都不在身边，所以我决定立即回诹访。

东京大空袭到战争结束为止的事情，几乎都若隐若现、模糊不清，但回诹访当天的事情，我却记得真切。

出发前，我把土锅放在炭炉上，用土锅把所有的豆子都炒上了。我想，不知道列车能开到哪里，万一中途火车不走了，不得不下车，我就用豆子代替干粮，用它充饥，吃着走回诹访去。我的行李只有一个背包。

到了新宿车站，我跳上一辆正要发车的列车。途中，火车到站一停车，乘客们就从窗户钻出去，跳到车道上，纷纷大小便，然后再从窗户爬回车厢。就这样走走停停、停停走走。也记不清从新宿出发后花了多少个小时，快到天亮时，火车开进了长野县。

母亲的娘家在茅野站和上诹访站之间的四贺赤沼。我犹豫许久，不知在哪个站下车，但还是希望哪怕早一分钟到达也好，于是决定在先到站的茅野站下车。

天空开始泛白时，我在茅野站下了车。瞬间，我被惊住了。满眼看到的风景，与从前似乎没有丝毫变化。家家户户都静悄悄的，一切都是从前的模样。想起被轰炸后满目疮痍的东京的混乱景象，我感觉来到了另一个世界。不用担心空袭，也不用害怕机枪扫射，呼吸着清晨新鲜的空气，我阔步在道路中央，朝着母亲和弟弟所在的家走去。

第二章
在战后的动乱中

在东京重新起步

回到诹访后，我开始思考自己的将来。

已转至夏天。在东京时我就读的都立第一高等女子学校（1943 年由府立改为都立），作为战时特例，从五年制缩短为四年制。于是，原本该升入五年级的我，一下子被悬空了。

不能无所事事！于是，我先是提出申请，编入当地的长野县诹访高等女子学校（诹访二叶高等学校的前身）的五年级，决定从第二年 3 月开始进入诹访高等女子学校上学。学校开学前，我在家帮助母亲的娘家干活。最终，我把农活全都干了一遍。从夏到秋，主要是割麦子。之前，我一直在东京生活，没有干过田里的活儿，所以镰刀、农具的使用都不能得心应手。收获的作物需要用扁担挑走，而这个活儿，不是因为太重就是有其他原因，总之，如果掌握不好平衡，便一步也迈不动。

收割完的麦子要运走晒干、脱粒。当时还没有使用脱粒机，需要靠人工用手和脚来操作木齿耙。干着不习惯的农活，腰酸腿痛、浑身难受，是很辛苦的一段体验。

本以为或许就这样要一直在诹访生活下去了，但在开学之前，我们突然决定回东京。父亲虽说是农家的长子，但他说："家业有弟弟继承，自己只想专心做生意。已经在东京找到房子了。"

1946年春，我们举家又回到东京。从JR（日本铁路公司）线的莺谷车站出来有一段很长的坡路，在坡路下端有一栋叫"莺庄"的公寓。

那附近，在江户时代有很多文人、富商的别墅，被称作"根岸之乡"。莺庄是战前的旧建筑，在空袭中幸存下来的。这里曾经是被老爷们赎了身的艺伎生活的地方，是一处较为时尚的公寓。但战争刚结束时，住户似乎已经大都换成那些在空袭中自家被烧毁的人了。

公寓的房子，每户都是一间四叠[①]半的屋子，再带一间半叠的厨房。我们一家四口就在那一间屋子里生活。要说窄，的确挺窄，但当时大家都很穷，也不是只有我们家的条件特别差。

隔壁屋子住的一家的男主人是一位汽车司机。一对夫妻和三个孩子，加上孩子的祖母，一家六口，住在四叠半的屋子里。实际上，听说那三个孩子下面还有一个刚出生的婴儿。那家女主人是有着很可怜经历的人。在空袭的火灾中，她用背篼背着婴儿逃跑。火星儿一个劲儿地落下来，于是她跳进了一个大水坑里，自己得救了，但当她想起来的时候，背后的孩子已经死了。那个时候，遭遇这种悲剧的人真的很多。

战后的教育制度也发生了变化，改成六三三制了。这段时间刚好处于过渡时期，状态很混乱。我本应该去诹访高等女子学校上学的，所以又办了退学手续，然后去找曾经的母校，即东京都立第一高等女子学校商量。

---

① 叠，即张，是日本榻榻米的量词。一叠相当于约 1.62 平方米。

在那儿得知，第一高女校要设立专科，升级为短期大学，但是专业是理科。虽然并不是因为理科的“赤点事件”作祟，但我还是不想进理科学习。我同时还听说，都立第三高等女子学校（都立驹马场高中的前身）也要设立专科，升为短期大学，而这边则是文科。所以，我从1946年4月开始就进入第三高等女子学校专科学习。

父亲的紫菜店又重新开张了。既没有资金，店铺规模也不如战前那么大。这时的工作是把进货来的紫菜加工成旅馆早餐用的一人一份的小包装，然后用自行车驮着批发到各家旅馆。

父亲的工作开始走上正轨后，我们在四叠半的房间旁边又租了一间屋子，用来做工。这样，家里的面积就变成了九叠，空间稍许宽裕了些。然而即便这样，生活和工作加起来才有九叠，所以也算不上宽敞。

尽管很穷，但家中的气氛绝不压抑，因为母亲总是乐观的，她从没有抱怨或是哀叹过生活的艰难。尽管她是我的母亲，但我不得不承认她真是个了不起的人物。

与弟弟昌俊（2岁）合影

第三高等女子学校专科就学期间（17岁，1946年）

对我的朋友，也不论性别，母亲总是很轻松地邀请人家："到家里来玩儿啊！"一旦朋友来了，我们自然也想招待人家吃饭，但家里又没有钱。于是，母亲就满不在乎、毫不迟疑地把被褥之类拿到当铺去，用当来的钱买回各式各样的东西招待客人。

被褥还在当铺的日子，我便落到只能睡壁橱的窘境。冬天还好，夏天在壁橱里睡觉，真是闷热难耐。我时常想，母亲款待我的朋友让我很感激，她不折不挠的精神也值得我学习，但无论如何，这一点我真不能效仿母亲。总而言之，她就是这样一个开朗的、可依靠的母亲。

那还是战前，店里还雇着人帮忙时的事情。喜欢小提琴、三弦琴之类弦乐器的父亲，有一次，在上野的松阪屋百货商场买来了一把三弦琴。于是母亲严厉地斥责父亲："你是咱家干活儿的顶梁柱，哪有工夫弹什么三弦琴啊?!"还有一次，父亲受附近一家旅馆的老板娘之托，帮她干木匠活儿，母亲很生气："有工夫给别人家干活儿，还不如好好干自己家的活儿！"

我只看见过这两回母亲批评父亲的场面，我在一旁假装没听见，但心里在想："我妈可真厉害啊！"不过，他们之间夫妻吵架之类的事基本没有，父亲很珍惜母亲。

我记得，父亲总是从离公寓老远的地方就一边大声喊着母亲的名字一边往家走。大概是有事情想尽快地跟母亲说吧。那一声声"千代！千代！"的呼唤，在附近一片儿都是出了名的。

经历了战争，好歹活下来的人，虽说缺钱少物，但家庭生活节俭、成员和睦。不仅我们家是这样，在那个年代，这样的家庭比比皆是。

打工的种种经历

总而言之，我们的生活很穷困。所以我也必须挣钱支付书本费和自己的零花钱。我一边上学，一边打工，做了很多工作。

最初是做家庭教师。学生是神田一个药品批发商的女儿。去这户人家时，她们会拿出当时很稀有的、又甜又浓的美味羊羹给我吃。这几乎成了我期待去她家的理由。女孩儿的成绩进步了，她们还给我发奖金，这真是很幸运。

这份工作条件很好，但我自己同样因为战争而没能够好好学习，所以渐渐地感觉教起来吃力了。学生上中学一二年级时还勉强可以教，到三年级时，我就把工作让给一位朋友了。

第二份工作是在日暮里车站的常磐线站台卖香烟。我自己完全不吸烟，但这份工作给我留下的印象很深。那个年代，车站的站台上还没有设置小卖部，所以我也很纳闷儿，不知自己是怎么想到做这份工作的。

这个工作看似很简单，却出乎意料地并非那么容易。香烟是国家专卖品，并不是你想卖就可以随意卖的。于是，我去找荒川区烟草工会主席，请求他说："我想做这样的事情，您看能不能批发给我一些香烟？"至于资金，我是分文没有的，所以工会主席允许我"货款可以从销售额中支付"。他一定是看到我一个女学生经济上有困难，同情我才答应的。

接下来我就去找日暮里车站站长，想请他同意我在车站卖烟。现在，车站里设置的小卖部有各种厂商进入，但当时一概没有，甚至在站台上摆摊儿卖东西这件事本身就具有开辟性。

站长同样很痛快地答应了。但我不能站着卖呀，所以就向他们借来椅子和桌子，立即开始在站台上卖起了香烟。我想，只是卖还不够，又开动脑筋，想出一段广告词："捎去一包香烟，带回一段旅思。"我用毛笔写在纸上，然后贴在桌子上。

上野车站的下一站是日暮里车站，常磐线在日暮里也停车。乘客很多，所以我还相当忙呢。

客人们并不都是从车上下到站台来买烟的。有人在车上喊："哎，来包烟！"于是我就飞奔过去。还在付钱、递烟的过程中，电车就开动了。这样我又得追着车子跑着把找的钱递给客人。

想去卫生间的时候，得借用站务员用的卫生间。每次都得拜托站务员帮忙照顾小摊儿："请您帮我照看一会儿。"卫生间的位置一般都在长长的站台尽头下台阶的地方，所以来回一趟也不容易。

当时跟现在不同，站台上既没有避风的地方，也没有候车室，我还记得从上野山上吹来的风很是寒冷。与这份工作的辛苦相比，收入并不可观，所以没过多久，我就不干了。

即便如此，回想起来令人感慨。不论是工会主席，还是站长、站务员，面对一个连介绍信都没带的女学生贸然的请求，他们竟然欣然同意了。战争刚结束时，几乎毫无例外，人们的家产都被烧光了，大家都在贫穷中拼命地寻求生存。那个时期，复员兵也逐渐开始回来了，没有穿的，所以有很多人仍旧穿着军装。或许正因为是那样一个年代，所以大家互帮互助的心情才格外强烈。

此外，我还做过一些短工，比如在丸之内的政府街沿街叫卖冰激凌。那时候，银座有一家叫“富士冰激凌”的店铺。冰激凌之类的东西，战争时期是吃不到的，即使到了战后也还是稀罕物。因为我父母认识那家公司的人，我就自己直接闯到公司，提出“我想卖冰激凌”，结果又得到了人家的许可。

我用棉布把保温箱包裹起来，把中间夹着冰激凌的豆馅儿糯米饼放在里面，沿街叫卖。只要到东京车站附近的政府大楼、大企业总部去，对门卫说一声“我想去卖冰激凌”，大家基本上都会让我进去。在办公楼里工作的人出乎意料地有很多人买我的冰激凌。那是个现在无法比拟的、充满牧歌情调的年代。

但是，冰激凌只能在炎热的季节销售，忍不住时自己也要吃些。这份工作同样赚不到什么钱。因此，卖冰激凌也没有持续多长时间。

另外一份时间不长的零工，是在台东区政府纳税窗口做临时雇员。主事的人告诉我说，老老实实地过了三个月试用期，就可以转为正式雇用。当时有带着各种各样要求的团体闯来找区长交涉，我待不住，就想去看看是怎么回事。慢慢地，我也加入交涉团体中去了。于是，正式雇用的路也就被断送了。

活跃的女学生

这个时期，在打零工的同时，我开始投身于各种社会活动。

首先是参加了反对涨学费的运动。当时写的传单，现在还保留着。我自己写文章、刻钢板。下面引用其中最精彩的一小段儿，来介绍一下我们到底做了些什么。

> 亲爱的各位家长：
>
> 4月以来，以屡次提高学费为发端，我们持续开展了捍卫学术自由的运动。一、维护学生生活；二、彻底改革文教政策；三、大力增加文教预算；四、改善教师待遇（中略）。虽然我们力量绵薄，但我们充满热情，我们要靠自己的双手扭转教育的危机，以建设民主和平的国家。恳请各位家长给予我

们深刻理解和大力支持。

现在重读起来，感觉文章相当用力、猛烈。最后我还附加了一句："若能告知您的意见和感想，我们将不胜荣幸，一并拜托。"结果，真有人发来一份感想。这是一位担任参议院议员的学生家长写来的，信中很认真地对我们提出忠告："我很理解你们的心情，但学生不应该做这种事情。"但是，我们不会因为被他这样劝说就轻易罢休。中午休息时，我们辗转于各个教室，进行演讲，"请大家参加"。

最初的时候，学校方面还比较宽容，但差不多从第二年开始，他们的态度就强硬起来了。校方下达的"不许在校内张贴广告"的通知一到，我认为"该来的还是来了啊"，反倒更加振奋起来。那时，社会上女性参加活动的人虽然很少，但随着不断在学校鼓动，我也结交了很多一起从事运动的朋友。

长期受压抑的民众的力量，在战后一下子得到解放，诞生了许多以"民主"命名的组织，工会、各种产业的大型组织也开始成立。在这样的潮流中，学生们也开始觉醒，主张民主主义。他们打破学校间的壁垒，结成横向的“民主主义学生同盟”（以下简称“民学同”）。

当时，不破哲三是“一高”[①]的学生。我和他之前就相互知道对方，但没有说过话。一高成立“民学同”支部时，我在集会上做过一个连带致辞。对那时的情景，不破的印象是这样的：

> ……大约那年夏天，全国学生运动中开始出现想要成立民主主义学生同盟的动向，在一高也成立了它的支部。成立大会在大礼堂召开，作为近邻的友好团体、第三高女的同盟代表登上讲台的就是她。致辞里说了些什么，我和妻子都没有印象了，但我只记得当时心里很佩服她：好勇敢的女性！
>
> 不破哲三，《时代的证言》，中央公论新社

我性格中有些天不怕地不怕的成分，感兴趣的地方我会马上过去，然后把想到的东西全部说出来。过了很

① 也称旧制一高。1886年创立时称第一高等中学校，1894年改称第一高等学校，1950年根据“二战”后的学制改革而废止。现东京大学教养学部等学院的前身。

久，跟不破谈起那天的事情时，他说："一高的成立大会上，的确是我第一次听你讲话。"

我们学校成立社会科学研究会时，一高的哲学研究会和社会科学研究会、东京女子医科大学的社会科学研究会等，很多学校都发来了贺词。

过了30多年，有一次我突然看见那时收到的贺词。我的眼睛停在了其中一封笔迹熟悉的贺词上，上面写着东京大学社会科学研究会。收到时我并没有留意，但实际上，那是不破的哥哥上田耕一郎在学生时代写的。

我十七八岁开始从事运动时，完全没有想到，不破和他哥哥上田耕一郎会与自己产生如此密切的关系。30年过后，以这样的形式发现这种关联，让人感慨颇多，人与人之间的关联竟然如此奇妙和有趣！

被称作"小男孩儿"

年轻时的我，头脑中认为人人都应该平等。不因为是男是女就怎样，大家同样都是人。因此，男性能做的事情，女性理所当然也能做；不让女性去做就不合理。

出于这种想法，我还曾经混在朋友们中间，潜入过一高的宿舍。当时一高的宿舍，除校园节之外，其他时间禁止女性进入。我穿上长裤、运动鞋，外面罩上披风，和五六个一高的朋友一起，装作若无其事地走进了宿舍。当时我想："大言不惭地说什么女人禁入，这不，女人也进来了嘛！"心中还感觉有些痛快。

但是，进去后不久，我就想上厕所了。探头看了一下楼道，没人。我认为应该没事儿，于是就去了厕所。刚要去开门，正赶上有人从里推门出来，满满地撞了个面对面。

我吃了一惊，但对方吃惊更甚，几乎是吓得魂飞魄散。说起来也是，宿舍里本不该出现的女性，居然还跑到男厕所来了！他惊慌失措，飞似的逃窜而去。

也是那段时间，我第一次试着喝了威士忌。"哎呀，我意外地挺能喝嘛！"正这么想着呢，慢慢地就有些头晕了。我告诉自己：这就是所谓的喝醉，必须得当心了！在我生了孩子以后，连啤酒也不喝了。

我还尝试吸过一次烟。但稍微一吸，就咳嗽不止，还憋气，所以我觉得特别不可思议：为什么有人会认为这种东西好抽呢？打那儿以来，我和烟就没有结缘。

总之，我就如此这般，把男人做的事几乎都体验了一遍。现在想起来，那是对平等理论的颇为幼稚的片面理解。

学生时代，学校的功课也适当地学了些，但更多的时间都消耗在了参加各种活动、打工以及和朋友谈天说地上面。有一个时期我曾热衷于学习法语。

我一直生活在平民闹市区，很自然地，抬脚所去的繁华街区就是上野、浅草，没怎么去过银座。战前我还是个孩子，也没看过法国电影。直到战后在银座看了一部叫《巴黎节》[①]的法国电影，感觉法语原来这么动听！于是开始憧憬会说法语。刚好那时即将升入三年级，要开始上法语课，所以我就去了位于御茶水的雅典娜·法兰西语言专科学校学习。

雅典娜·法兰西完全不使用日语，连点名都用法语。我只清楚地记得，每次被叫到“Mademoiselle GOCHO”（后町小姐），我都回答“présente”（出席）。但我的手伸

① 《巴黎节》，也译作《七月十四日》。

向一个又一个的活动，没有足够的时间来预习、复习，最终，我很快就惜别了雅典娜 · 法兰西。

有一次，第三高女的法语考试时，我一看试卷，大概也就能写出一半答案。于是我想到一个办法，是从一高的朋友那儿听说的。

据说，在一高，完全写不出考试答案的时候，就把一高的宿舍之歌《呜呼玉杯》从第一段到第五段全部抄写一遍，这样做似乎至少不会被淘汰。也不知真假，但头脑中浮想起这件事，于是就产生了试一试的调皮念头。我还记得在雅典娜 · 法兰西学的一首诗《春天来了》，就试着用法语把其中一节写在试卷上，代替答案。

“冰雪消融，河水流淌，蝴蝶飞舞，百花盛开。春天来了……”我的老师还真的给了我分数。这件事让我记忆深刻。

或许是因为当时在学法语的缘故吧，我被朋友们用外号称呼，叫作“Garçon”。意思是“小男孩儿”。我认为这个外号比“长髓彦”“足利尊氏”要强得多，自己还蛮喜欢。

与共产党相遇

我加入共产党是1948年7月，第三高女专科三年级的时候。从战争结束到加入共产党为止的三年时间，可以说是我“人生的过渡期”。

战争结束时，在整个社会的一片混乱中，我在思考自己今后的路应该怎么走。大街小巷一时间涌现出很多之前从未见过、从未读过的书。外国电影、小说，马克思、列宁等社会主义思想的书籍，我都第一次拿到手里。我想，因为我自己是体味了贫穷的无产者，所以与共产党相遇才会意外地快。

在社会上，战争刚刚结束的那个时期，出现了“重新审视共产党”的风潮。当大家都闭口不言、服从于军国主义战争时，只有共产党一直拼着性命反对战争，这一点受到了重新评价。但反过来讲，也就是说，共产党在战争时期，受到了非常严厉的镇压。

战后了解到的共产党的主张，对我来说非常新鲜、充满魅力。“主权不在天皇而在国民”“和平最重要”“男女平等”……特别是男女平等思想，因为我从小就非常赞同，所以感觉这一点极合我意。“让所有国民享受选举权”，这一点难道不是也很美好吗？原来还有这样的思想！于是很多人为之感动并接受了它。

我也读了共产党的宣传手册，内心受到极大触动。但同时，我告诫自己：无论认为有多好，切忌偏听轻信。

之所以这样，是因为战前，虽说当时我还是个小孩子，但自己也曾经坚定不移地认为战前的教育是“正确的”。回顾从前自己被国家洗脑的经过，我认为决定自己的想法时，必须给以足够的警醒。

我已年满 17 岁，已经可以用自己的大脑思考问题。什么是对的？什么是错的？我决心搜集各种材料，从不同角度进行思考，在此基础上加以判断。所以，我不仅从书本上去读，还去与人交谈，把我能想到的办法都尝试了一遍。

“莺庄”公寓房东的养子是基督教徒，年龄基本和我相同；不远处的一个寺院住持家的儿子也与我年纪相仿。所以我们三人常聚在公寓入口处，就宗教问题、哲学问题讨论得酣畅淋漓。

我知道有很多值得尊敬的宗教人士努力试图救济弱

者、改良社会，但我的基本想法是："宗教难道不是人们为了从死亡、歧视、悲伤、痛苦中拯救自己而创造出来的智慧吗？"我这么一说，他们就反驳："不是那样的"，"即便那样，也存在超越人之上的神灵"。大家都年轻，又都没有认真地学习过，所以往往最终都是各说各话。

我还去过无政府主义者的事务所，要来了介绍手册。因为我对于被国家权力强制性地束缚抱有很强的疑问，所以听人说"有一种主义叫无政府主义"，就很感兴趣。我认真阅读了从挂着黑色旗子、乍一看有些异样的事务所里拿回来的小册子，但完全搞不清楚怎样才能超越资本主义、国家消亡将经历怎样的过程等问题。去事务所时，进门以后，对方也是一种"请自便"的态度，我感觉这不行。

关于共产党，我的态度是，虽然我赞成他们的想法，但也不能毫无批判地接受。我想从各个方面更多更好地了解情况，所以还去向俄罗斯人请教过关于革命的问题。

在涩谷车站站前广场（18 岁，1947 年）

战前，父亲的紫菜店所在的四层建筑的大楼里，住着白党系俄罗斯人。说起白党系俄罗斯，可能有人不清楚。我们通常把俄国十月革命中的革命派称为“红”，而相对地，在俄国十月革命以及之后国内战争时期流亡到国外的旧体制派的俄罗斯人则被称为“白”。

从战前到整个战争时期，日本的每个家庭里都悬挂着天皇的照片。白党系俄罗斯人也同样，不管住在哪里，他们都挂着沙皇尼古拉的照片。在俄罗斯帝制时代，他们中具有将校以上身份的人似乎很多。

我听说那些白党系俄罗斯人，在东京大空袭中房屋被烧掉，所以集中到了位于御茶水的尼古拉教堂。于是我就到尼古拉教堂去听他们的说法。我想知道这些人从什么视角来看待革命和共产主义。

后来才知道，尽管他们是流亡者，但因为是俄罗斯人，所以还是有间谍的嫌疑，因此总是被日本特高（特别高等警察）监视着。虽然战争结束、世道变了，但一个年轻姑娘突然跑来，问什么“您怎么看待革命”，他们是不可能真实地讲述自己的想法的。

即便这样，对于我来说，包括反对意见在内，该问的也问了，该看的也看了，能确认的全都亲自确认过以后，我下决心投奔共产党。我采取的这些行动，对我来说绝对不是徒劳。

包括“五〇年问题”[①]在内，共产党在日后也直接遭遇了重重困难和巨大挫折，但在那些时候我都没有当逃兵，直到今天一以贯之地坚持了自己选择的道路。这正

① “五〇年问题”是围绕战后初期日本共产党的革命路线方针问题的一次争论。详见本书第三章中“马克思和‘你若是男人’”一节。

是因为，这条路是我当初亲自彻底地进行了确认，在此基础上由衷地认可，然后选择的道路。

即使想要建设一个更好的社会，但仅凭一个人的力量难以撼动社会，只有与那些有着同样理想的人共同努力，才能开辟出一条道路。出于这样的想法，我认为共产党是一个能够把每个人的力量团结起来、汇聚成千万人的力量的组织，所以我选择了共产党。

母亲的反应

我加入共产党的契机，还因为遇到了在第三高女专科担任社会课的老师。我在课上表现出了对共产主义的理解和肯定，老师就给了我一个比优还要高一等的成绩：秀。

成绩通常也就分优、良、可三等，原本没有“秀”这一级。作为我来说，自认为对社会课的学习也是蛮用心的，但老师给我“秀”，大概是因为他认为我与他的想法产生了共鸣的缘故。

我到位于五反田的共产党南部地区委员会提交写好

的入党申请书，是 1948 年 7 月 28 日，我 19 岁的时候。

“每个人都能够更像人一样地生活的社会，能够从制造差别和贫困的机制、体制的资本主义解放出来的社会，国民真正成为主人公的社会，我也愿意为实现这个目标而奋斗。”我的申请书大概写了这样一些宗旨性的话。这是我迈向终于寻找到的目标，开启人生新航程的一天。

前文提到我在学校搞运动，反对涨学费。等到三年级的时候，真的付不起学费、出现滞纳情况了。校方告诉我，如果再不交学费的话，就领不到毕业证书了。当时我想，证书对我也没有必要了。

同学中，七八成的人都参加了升学考试，考进了新制大学或大专。而我因为夏天时已经入党，决定了将来的方向，并且感觉已经懂得了必要的学习方法，已然不需要再进入大学去重新寻找什么东西了。

然而，一位女老师，她是共产党员，得知我的情况后，认为“最好还是要毕业”，于是她替我交了学费。我辞谢了她的好意：“谢谢您！真的不用了。”但老师还是把毕业证书给我拿来了，所以我满怀感激地收下了。

学生时代真的遇到了许多好朋友、好老师，对此我内心充满感激。

我说要加入共产党时，父母完全没有反对。战前，共产党受到军国主义体制的严酷镇压，屡屡因为说是“赤”，也被一般市民所敬而远之。这样想起来，我们家真是一个比较自由的家庭。

虽说如此，但当我对共产党产生兴趣而把党的机关报《赤旗报》[①]拿回家开始阅读时，也听见过父亲对母亲嘀咕：“女孩子何必读那些东西呢……”但是母亲自己生来也具有社会主义思想倾向，所以似乎只说了句：“要是那么担心，你就自己去提醒她吧。”然后就没有搭理父亲。

我向来对母亲抱着一种绝对的信任和尊敬的心情。母亲在当时的人中，是少有的思维合理又稍有些蛮不讲理的有趣的人。

对于家乡的法事等风俗习惯，母亲是严格遵守的。但是，她从没有去给她自己的父母，也就是我的外祖父

① 《赤旗报》是日本共产党中央委员会机关报。1928 年 2 月创刊，“二战”结束前屡遭查禁，1945 年 10 月复刊并公开发行。

母扫过墓。我问她："为什么呀？"她回答说："你即使带着鲜花、包子去，死人也不能看不能吃，所以没有必要了。与其这样，不如在老人活着的时候，自己能做的全都做到，哪怕是只给他们带一个包子去。我跟爹妈这样约定过，爹妈也同意了的。"母亲还说："我死了，把我的骨灰从莺谷的斜坡上撒下去就可以了。"

话题有些扯远了。1957年，苏联的人造卫星"斯普特尼克一号"发射成功，成为一个热议的话题。看到这个消息后，听见母亲说："虽然现在咱们住在四叠半的屋子里，但如果建房子的话，建成人造卫星多好啊！"我倒是被她惊到了。她居然说出了那么幽默、异想天开的话。

这样一个母亲，当我在共产党开始正式工作后不久，她提出"我也想入党"。但是，我阻止了她。

因为当时，日本共产党内发生了"五〇年问题"，党正面临着分裂的危机。母亲说想入党的时候，好像各方交涉有所进展，但中央还没有达成统一意见。"现在正混乱着呢。再过些时候，党内会团结起来的。入党的事，再稍微等等吧。"我这样对母亲讲，阻止了她。

然而，大约三年后的1958年，母亲因急性骨髓性白血病突然去世了。那个时候，既没有骨髓移植手术，也基本没有治疗的药物，住院后大约一周时间就去世了。母亲年仅53岁，还很年轻。

在我的人生中，如果说有后悔的事情，那就是那时母亲说“想入党”，我却阻止了她。即便党内存在不得已的情况，即便那个时期我有心不想让母亲为难，但如果优先满足母亲的心愿就好了。我现在还强烈地这么认为。

第三章

决定人生的青春岁月

成为党员以后

从专科学校三年级的夏天到毕业为止，我兼顾了完成学业和党员活动两个方面。记得当时每天都忙着马不停蹄地东奔西走。

我向共产党提出入党申请的南部地区委员会，是一栋三层楼的木制结构建筑。楼里各个房间分成青年、女性、职场、地区等小组，分别召开会议。没有人教我该怎么做，所以，刚开始时我以为必须出席全部的会议，于是奔走于每个会场之间。后来听说，我在地区委员会出了名，说是“有个到处抛头露面的热心女孩儿”。

地区负责人听说这事后，半开玩笑地逗我说：“那，你要不要试着做一做妇女部部长？”我还当真了，心里想着：“这也必须要做吗？”但嘴上还是当即回答：“好！我做！”我的反应，反倒让对方惊着了。

就这样，我作为学生兼党员的日子就开始了。但关于社会、关于运动，尽是些不懂的事情，也经历了许多失败。现在想起来，就连我自己也感觉做的事情鲁莽得惊人。

比如，我曾经在国铁的电车里，拿着手册宣传共产党。我避开早晚上班高峰，利用白天的时间段，手抓着车厢里的扶手在车上宣传。“干吗的，这个人？”周围人用诧异的眼神看着我，我不得不讲了一两个站就停止了。我反省自己：这次的确失败了，必须得换个做法。

另外还有一个不能忘怀的失败，就是“连环画剧事件”。

有一天，地区委员会告诉我：“请你今天去目黑的工厂宣传共产党。”于是，我和一个男性搭档一起，拿着报纸、手册和宣传用的连环画奔赴了现场。

到工厂时，正赶上工人们在吃午饭。我们说自己是“共产党”，大家都一副无所谓的表情，只顾闷头吃饭。但是，当我开始演连环画剧，演到一个地方时，突然间大家哄堂大笑起来。我还在纳闷儿他们为什么笑，搭档在旁边捅了我一下，小声说："你把这段儿也念了。"

连环画剧用的每张画片儿的背面，都写着要念出来的台词，还写着提醒的话："在此处换图片"。我把这句"在此处换图片"也念出来了。于是赶忙说："对不起，念错了。"结果，又引起一阵哄笑。

那时候一起演连环画剧的搭档，当时是东京工业大学的学生，后来当了大学教授。大概过了 25 年后，去参加建党纪念宴会时，看到一张似曾相识的面孔，果真就是那个人！他也说："忘不了那句'在此处换图片'。"我们笑着谈起当年："年轻时大家都蛮拼命的啊！"

我还在位于涩谷的忠犬八公的铜像前做过街头演说。在大街上，站在人前讲话是非常紧张的，但如果瞻前顾后也干不了事。1948 年、1949 年那个时期，还没有手拿的麦克风，用的是喇叭筒，所以声音传不太远。于是听众都凑到跟前来，自然地形成一个圆圈。人群中混杂着还穿着褴褛军服的人。他们是在战场上遭遇过苦难的人，所以非常认真地听我演讲。

听众里也有人向我挑起争论。我还年轻，学习得也不够。但必须得讲出点儿什么名堂来，所以使出浑身解数应对论战。讲着讲着，无言以对了，于是就说："对不起，交换选手！"然后请一起来的前辈接替我继续论战。

我得到过年长的搭档在诸多方面的关照。也有听众认为我"这么年轻，了不起啊"，所以请我在食堂吃饭。

当时的社会局势混沌不清。很多从战场复员回来的人涌到职安，就是今天的职业介绍所来，要求"给我们工作"；大工厂也开始一个接一个地成立工会。而另一方面，随着美苏冷战拉开序幕，驱逐共产党员和活动家的"赤色整肃"[①]也开始了。

在这样的形势下，只要看到哪里插着红旗，我就会奔到哪里去。就这样，在实践中，通过身体力行，我从点点滴滴中逐渐学会了工作。

转过年去，1949 年 1 月份，开始了总选举。

我被分配去支持德田球一的选举活动。德田球一在战前就是活动家，是担任过战后第一届共产党书记

---

① 详见本章"'赤色整肃'风暴"一节。

的人物。

印报纸、坐着竞选车去宣传，我帮着做了种种工作。由于这层关系，休息的时候，德田球一也主动跟我说过话。当时道路都没有铺沥青，说是竞选车，其实就是没有顶棚的卡车。在 12 月、1 月那样的寒冬，坐在卡车里，几天下来，整个脸都皴了，肿得绯红绯红的。

选举的结果，共产党有 35 人当选。这是日本共产党有史以来的第一次壮举。我也非常高兴，那时第一次迈进了共产党总部。位于代代木的总部是栋木制结构建筑，在战争结束前，这里原本是一家电影院。很多人上到二层的房间庆祝选举大获全胜，人又多，一闹腾，地板发出了咿咿吱吱的声音。有人喊起来："快跑啊！"已经老旧的楼里，聚集的人太多了，如果全体人员都留在二层的话，没准儿就造成地板坍塌的重大惨案了。

情书

1949 年 3 月，我从第三高女专科一毕业，就开始去位于涩谷的地区事务所。前面说到的社会科的老师，在“赤色整肃”中被免去教职后，担任了涩谷区委员会（区委员会是指南部地区委员会中各个区的委员会）负责人。他跟我说：“你也来吧！”这样，我也正式成为地区的全职活动家，开始从事党的相关工作。

在涩谷区圆山町的党涩谷区委员会前（20岁，1949年）

去了涩谷的地区事务所后，大约半年吧，我开始渐渐意识到现实的严峻。充满了浪漫的理想和希望投入共产党，这本身是件好事，但所谓组织，是出生背景、工作经历等都不同的各种人的集合体，所以不可能任何事情都顺着自己的想法实行。不破造访涩谷的事务所，刚好是我开始思考这些事情的时候。

1949 年 10 月 17 日，涩谷事务所里，碰巧我一个人在留守值班。当时不破是因为“想借用儿童会上使用的幻灯机”而来的。我 20 岁，不破 19 岁。他刚从一高升入改为新制大学的东京大学，是物理系一年级学生。

不破加入共产党比我早一年，是 1947 年。我在一高有很多朋友，所以我们有共同的熟人。另外，在这样那样的各种集会上，早前就碰过面，相互都知道对方的存在。我还听好几个朋友议论说：“有个叫上田建二郎（不破哲三的本名）的男生，数学特别好。”

在不破眼中，据说他对我的印象是，一个“比自己还要早就四处奔走于正式活动世界里的勇敢女孩儿”。

但是，对我来说，关于物理，只有一个得过不及格分数的苦涩记忆。我认为我们之间不会有共同语言，并没有对不破表现出特别的兴趣。

之前，我与不破只有过一次单独接触。偶然一次，在上学途中拥挤的电车里，我坐在座位上，看见他站在我面前，怀里抱着一个用包袱皮包了很多书的包裹。于是我说："你可以把书放在我腿上啊！"从涩谷站坐到一高前车站，我们在同一个车站下了车。这期间，他一直摊开书看着。当时我想：还真是个勤奋用功的人啊！总之我对他只有这么一丁点儿印象。

然而，那天刚好事务所里只有我一个人。看见不破这个同龄人，心想：这是来了一个可以聊天的人啦！尽管我们基本算是第一次正式讲话，却一下子就谈了两三个小时。尽管如此，谈话却完全没有什么浪漫的内容，因为我脑子里除了活动，就没装着别的事。我感觉似乎基本上是我一个人在讲。比如，在涩谷地区发生的各种各样的事件呀；再比如，对我来说好不容易摸索寻找到的人生道路，但进来之后发现存在很多人际关系和想法的矛盾，不能按照自己的心愿行事，等等。他仔细倾听着我讲话，时而插空也给我谈几句他对运动的看法。

原本我心里完全认为，不破是一个与我无缘的、专攻数学和物理的人。但通过这样一番谈话后我意外地发现，我们关心的事情有相近之处，所以略微产生了一点儿亲近感。

回家时，我们顺路进了车站附近的涩谷食堂，一边吃着豆沙水果凉粉和年糕小豆汤，一边继续交谈。日后，再聊起这件事，我说只吃了豆沙水果凉粉，不破却说："还有年糕小豆汤。"既然掏钱款待我的人这么说，应该没有错吧。但我连那些细节都不记得了，可见我当时多么沉浸于谈话。

分手道别时他问："你叫什么名字？"我回答："数字的七和加法的加，七加子。"他说："好数学的一个名字啊！"也不知道他本人是不是有赞美的意思，但现在想起来，倒是非常符合不破性格的感想。后来听他讲，要写明信片，不知道名字不行，所以才问的。

那之后，我很快收到了明信片，但我并没有认为它具有特殊意义。记得写的内容是"革命纪念日那天，如果能在人群中见到，就见个面吧"。那个时候，很流行在 11 月 7 日庆祝俄国十月革命纪念日，到处都举办纪念活动。

我认为"见个面吧"也不过是社交辞令，所以并没有放在心上，因此也就没有去参加活动。后来关系亲密之后才听说，貌似他当天在会场来来回回转悠着找我来着。但偏要写什么"如果能在人群中见到，就见个面吧”这类的话，绕的圈子太大，我无论如何也不会意识到是在约我呢。

第二封明信片，是邀我和几个朋友去东京西部的奥多摩地区爬山，我决定参加。从军田站下车后看到的高水三山树木繁茂、郁郁葱葱。

这次山中之行，我忘不了的有两件事。一件事是，吃午饭时，我带的便当没有蔬菜，只有一个腌梅干，于是不破分给我一个煎鸡蛋。煎鸡蛋的味道让我有些惊讶，因为那是之前我基本没有吃过的、不带甜味的、清淡爽口的味道。我吃惯了诹访口味的煎鸡蛋，又甜又咸，味道很重，所以那时我才第一次知道，土佐地区的口味是不同的。

另一件是下山时的事情。在下一个很陡的斜坡时，不知什么时候，就剩下我们两个人了。于是我们手拉着手，用很快的速度一口气跑下了斜坡。也不知过了多长时间，我们到了车站，一个人也没有，我们就在那儿等着大伙儿。这是我第一次和男性牵着手共同完成一件事。后来想起来，这也是缩短了我们两人距离的一件事。

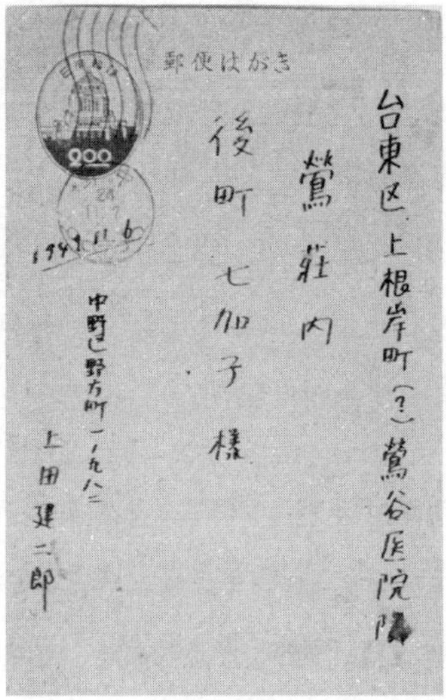

1949 年 11 月 6 日，在第二封明信片中，不破邀我去爬山

之后又有过几回见面机会，有时甚至是长时间交谈。大体都是在夜晚的大街上边走边聊。走到早稻田附近时，我们在街头买了一个烤红薯分着吃了。除此之外，比如进到咖啡厅里，边往嘴里填点儿什么吃的边聊天儿的情况，我几乎没有印象。

那样一种关系发生实质性变化，是在事务所谈话之后大约过了两个月，12 月 10 日。一封长信寄到我的手头。信读起来的感觉，有些像是情书。

从那天起，之后的许多年中，有数不清的信件往返于我们两人之间。因为，直到20世纪50年代后半期电话普及到普通家庭为止，并没有其他通信手段。

来往书信的绝大部分，我们至今都珍藏着。其中，不破写来的第一封信，我记忆最深刻。我摘录出其中一段来，供大家了解当时的情况。

> 现在我对你的感情是否应属于某种亲密交往的范畴，或应将之命名为友情，或应称之为恋爱，这一点很难说清，也无关紧要吧。（中略）可以确切讲的是，我从中感受到极大的欢喜与幸福，从中汲取到参加活动的新的能量，并相信彼此共同前进的可能性……

这可怎么好？在我心中，恋爱和结婚不在优先排序之列，几乎还没怎么想过呢。与其他事情相比，思考自己今后该如何生活，这件事已然耗尽我全部精力。好不容易寻找到一条路，尽管四处碰壁，我仍拼命地往前走着。当时我正处在这样一种状态中。

但随着一次次见面、一回回交谈，我心中有一种不同于以往的感情渐渐强烈起来。被他急速吸引的感觉，与对他还不很了解而产生的不安交织在一起。正在这个节骨眼儿上，我收到了他写来的这封信。

虽然也有惊讶和困惑，但首要问题是，必须认真思考应该怎么回复他才好。当我还在左思右想的时候，大约过了一周吧，他急急忙忙地就来问回复了。

骑着一辆写着“东大物理”字样的很脏的自行车，从本乡经过宽永寺坂，来到我家时的不破的身影，我至今还记忆犹新。

我吃了一惊，回答他：“现在，我正想着呢，所以……”我记得，我们一边在附近漫无目的地走着，我一边对不破说了下面一番话。

“我们还相互不了解对方的情况。我连自己的感情将来会怎么发展也还不知道。所以最好稍微再冷静地考虑一段时间。再有，朋友们对我给出的评价，也不像你想象的那么美好。”

于是，第二天，又来了一封长信。

我很意外。或许我不清楚你的生活，或许我不了解你的性格和感受，或许我未听到关于你声誉的负面评价。你把这些罗列了一通，详细地展开讲了一番后（你虽这样说，但你自身并没有承认那是你的本质性缺陷）：第一，你说我对你无知，说我对你抱有幻想；第二，说这对你我都会有难以言状的社会压力；第三，说对于感情的自然发生的前景没有信心。

我在此回答你的第一个问题。无须你滔滔不绝地对我讲，我自然并不了解你的全部。即使做最大让步，也只可以说我对你的99%是无知的。但我自认为我了解你剩余的1%，而通过我对这1%的知识，我能断定我了解你的全部。

（中略）

是你对于你自身的态度，同时是你对于革命和党的态度，也就是你自身对于作为人的发展、成长而持有的，近乎贪婪的要求和忠实，对于妨碍这些愿望的障碍和锁链的敌忾心，这些不仅规定了你的现在，也能够借此展望你的未来……

（中略）

当然，我的感情，不可否认，是由属于99%部分的，关于你的种种外在的、内在的品质而组成的，那些东西随时间流逝而发展、变化，却应是不受感情之外的其他因素影响的。无论我关于你的认识将来如何变化，事态都绝不会改变。只要我在本质上的认识没有破灭。

唯有一点，在这个问题上，你没有朝前看。即使现在写着这些内容的时候，对你这种机会主义的态度，我也想大声怒吼。现在你还找出托词，说什么趁着还没有发展太深等等，但宇宙已经开始运行了！

"宇宙"都出来了，我感觉实在太符合不破的风格了。再考虑一段时间——对于我这个建议，第二封信几乎吹散了我还残留的犹豫，不破十分认真、直率地表达了他的心情。这个人将来会做什么工作，两个人会怎么生活，尽管具体的想法还一无所知，但我似乎确信了一点：如果是这个人，那么我可以和他共度一生。

第二天，我回信表示同意。12月22日，对方又来了回信，我也表示赞同。这样，我们就有婚约关系了。

这是 19 岁和 20 岁的年轻人，两个月之间发生的事情，若写起来，是两三行字就能几笔带过的简短故事。但对于现在已经年满 82 岁、83 岁的我们两个人来讲，这成为之后漫长且波澜起伏的人生的起点。

与未婚夫上田建二郎（不破哲三）在五一节会场（21 岁，1950 年）

只公开丈夫的信件也不公平，所以，尽管很难为情，但我在这里也引用一部分 12 月 22 日我的回信。

> 上田同志：你是多么优秀的同志啊！尽管我关于你的 99% 也不了解，对你的感情我也难以用文字

表达出来，但可以确定的是，这种感情可以“成为为了革命的武器”；我和你共同前进的出发点，在于我们相互能确定的“1%”，正因此我们才被结合，并且必须结合。另一点可以确定的是，我们的爱情也随着党的发展、随着我们的成长……肯定会不断发生变化，但那丝毫不会伤害我们彼此的爱。

不破之所以选择我，我想大概是因为，试图忠实地为自己选择的道路而生活的他，从我身上也看出了那个部分的缘故吧。所谓最后的1%，大概指的就是这一点。正如黑发不久会变成白发一样，随着年龄的增加，外表也会发生变化。没有人到了90岁还一直停留在20岁时的年轻、感性层面。因此，的确是99%的部分是会变化的。相比之下，更重要的是心里像蜡烛芯的部分、这1%的部分能够重合，我想这是他想说的。这种想法应该是世人都相通的吧。

年轻人常爱用“理想的人”这种说法。说我理想的是这样的人、那样的人，那也无可厚非。但是，我认为，对于异性的理想之类的，没有太大的意义。相貌、学历、金钱，那些东西无论怎样用理想来描述，但对方内心到底是个什么样的人，这一点不通过仔细深入的接触交流，是无从得知的。

相比之下，无论经过多长岁月，无论遭遇多大困难，无论相互发生多少变化，绝不改变的、扎根于大地的双方相同的1%更为重要，难道不是吗？时至今日，我才感慨：年轻的不破，实际上写出了多么透彻的至理名言哪！

马克思和“你若是男人”

我在涩谷的地区事务所工作，正当我在为各种事情而苦恼时，发生了战后我们党面临的最大问题，即“五〇年问题”。

1950年1月，以苏联的斯大林为中心，由被视为东欧共产党情报机构的共产党和工人党情报局，发表了“共产党和工人党情报局评论”。文章对日本共产党的野坂参三提倡的美国占领下的和平革命理论进行了批评，针对美国占领下的日本现状，结论的宗旨是：处于外国军队占领下，不可能进行和平革命。对此，党内讨论得沸沸扬扬，不同意见激烈交锋，几乎导致党的分裂危机。

我从没有想过党会分裂。领导班子到底怎么回事，详细情况我们不得而知。而且，对于已取得革命成功的苏联，在某种意义上我们是信任的，所以不相信他们会说错话。对于处于日本这样状态下奋斗着的日本共产党，他们应该给予支持，为什么却批评我们呢……总之，既不清楚内情，又缺少让人信服的资料。

我本人是经过一番思考后选择的共产党，所以我认为自己必须沿着这条道路一直走下去。但是，现在这样的状态下该如何才好？到底应该怎么办？我很苦恼。

我是从学校毕业后就直接进入共产党事务所的，所以不了解工人的劳动现场。对于工会组织和工人运动，也一无所知。因此我希望回到原点，重新审视自己，于是我决定尝试到工人中去工作。

我纵身投入大田区内叫作"大田劳联"的工会联合组织的工作中去。1950 年 4 月，我以文书身份去上班，第一天给我的印象太强烈了。

紧邻大森车站，有一个叫作"东京轻合金"的铸造厂。大田地区劳联租用了那家工厂的工会事务所的一角。

第一天，我到工厂时，正赶上午休时间，工人们正在吃便当。因为是铸造厂，所以要把铸件熔化开来做成铸模。在那里工作的全是穿着薄薄的蓝色工作服的男人，其中有人只系了一块兜裆布。

与一起劳动的伙伴在东京轻合金工厂内的地区工会（大田劳联）事务所门前合影（1951 年，后排右三为作者）

听说来了个年轻女孩子，工人们对我表示了欢迎。他们为我唱了一首改编了歌词的歌曲，歌词里居然出现了卡尔 · 马克思。因为印象太深，所以至今我都记得歌词：

你若是男人，你若是男人，就让可爱的姑娘为你流泪吧，不行不行，再让她流一次。

让卡尔·马克思，你若是男人，你就试试看……

因为我是共产党员，所以可能他们认为，只要提到马克思，我就会高兴的缘故吧。而我则想也没想到会在这样的语境下出现马克思，所以非常吃惊，不过歌词似乎并没有什么特殊含义。另外，他们还为我唱了俄罗斯民歌《灯光》等歌曲。工人们都有一副好嗓子。

我们忙前忙后的工夫，开工的汽笛声响起，大家都回到岗位去了。在这个只在泥土地上放着桌子和椅子的事务所内，猛然看见我的办公桌上，留着有人坐过的圆圆的屁股印儿的痕迹，像是用沙子描画出来般清晰。盯着屁股印儿，我禁不住想：我真能在这儿干下去吗？

从此摸索着，开始了我学习和实践的日子。

我特别集中精力从事的是与女性劳动者相关的工作。那时，我周围几乎还没有女性劳动者。即便在党内，在我入党之初，女性也寥寥无几。但是我想，今后会有女性不断加入的，那样一来，工会里必须要成立妇女部。于是，我便前往看似力量强大些的工会，去向他们提议："成立妇女部吧！"对方也积极响应："那好啊！"

在妇女部做什么呢？首先浮上脑海的是要求"经期休假"。位于区内的一家有名的制药公司本身就在销售缓解女性生理期疼痛的药品，却不允许本公司女工经期请假。当时的世道就是这样的。另外，那时职场里通常没有女子专用卫生间和更衣室，所以我提出要求，"希望修建这样的场所"。

我开始推进的改善女职工工作环境的活动，实际上起初的两三项都很顺利。然而，正当我以为继续这样干下去就可以了的时候，总工会组织出面阻止了："要求什么女性专享的经期假，太狡猾了。男性还想休假呢。"说是总工会不可能配合。

不仅要跟公司方面交涉，意想不到的地方也会节外生枝。这次我又懂得了，任何事都不是那么容易办成的。

年轻时，事事都不愿屈服于"男性优越主义"，但在实际工作中经受磨炼后，我的想法也渐渐地有了转变。纵使我怒不可遏地呵斥："怎么着？敢轻看女人?!"

状况也不会发生变化。人类终归只有男人和女人，如果相互不能团结协作、切磋磨合，那世界便无法正常运转。我逐渐明白了这个道理。

从事工人运动的日子

在大田劳联，有好几个事件难以忘怀。

我最先去的是东京轻合金的工厂，那个时候，用工人们的说法，几乎“没有不插着红旗的日子”，总是在要求涨工资、要求提高奖金。在这之前，我没有进行集体交涉的经验，但只要工会决定做，我也跟着一起参加。“大家都很困难，为什么不涨工资！”就是这样的劲头。

然而，担任工会主席的一个大叔，平常总夸夸其谈，但真到了交涉时，突然变得底气不足。我对他的行为不满，等他站起来离开交涉现场时，我也跟着出去，给他鼓气：“干吗不再多说些！”就在这个时候，我发现工会主席在吸溜着什么。仔细一看，原来是在喝酒——不喝酒壮胆，就没有勇气对经营者阐述自己的意见。在不景气的状态下，要养活家庭，必须要让经营者提高工资待遇。但如果因为主张涨工资而被辞退，家里生活就会更困难。这足以反映出夹在其中的工人的痛苦。对于刚刚 21 岁的我来说，之前想都没有想过这些事。

这个故事还有后续。

我们进行集体交涉时对方的一个厂长，有一次叫住我说："像你这样的年轻姑娘，不该在这种劳动条件恶劣、全是男人、拿钱也不多的地方生活。"还说拜托了他在日本钢管公司的朋友，帮我在公司下属的鹤见炼铁厂的事务所找了一份工作，是在大楼里做事务工作，可以拿到地区劳联好几倍的工资，其余的各种保障也相当好。我从来都只说经营者坏话，况且也并没有拜托他，他为什么却给我找来这么好的差事呢？我挺纳闷儿的：世上真有这么热心的人吗？

其中的原因，我后来才知道。据说厂长的弟弟曾经在左翼运动中被逮捕，战争时期死在狱中了。因此，厂长虽然事实上属于经营者一方，但从感情上是明白我们的主张的，他也有心配合。

他给我介绍工作，我很感激。但他提出的条件是：

“可以搞工会运动，但好歹头半年的时间，你要老老实实地待着，不要折腾。”我说：“哪怕是那半年时间，我也不能安静地待着。”这样，谢绝了一个难得的机会。也不知怎么搞的，我从一开始就是这样，自然不自然地，似乎总是选择一条又一条不赚钱的路。

在大田劳联担任文书时，墙上的文字全都是作者（照片左侧）写的

还有一件印象深刻的事情。

大田区内有很多中小企业。我的主要工作是轮流到那些成员在80人左右的工会去，或是听取情况后做成简报，或是收会费，或是召集开会。到晚上，结束工作

的工人，几乎可以说是每天都会来跟我商量："我们想成立工会，该怎么办才好啊？"因为创建工会也是地区劳联的一大工作，所以我常常跟他们商讨到很晚。

大概到1951年，我自认为对地区劳联的工作也熟悉很多了。这时，一家较大的工厂被勒令关闭，于是有工人来商量说"想成立工会进行抵抗"。

当时，为了帮助工人，劳政事务所[①]也派人去了那家工厂。然而工人却不怎么去找劳政事务所的人商量，而一味地来找我。看到这种情况，我内心稍有些得意："肯定是我的做法更好的缘故吧！"

然而有一次，来商量的工人对我说了一席话。我去那家工厂的时候，正赶上午饭时间。那个年代，社会上刚刚开始有外卖店配送盖饭等，普通工人还很难吃得起这类东西。作为午餐，他们给我订了一份外卖的盖饭。我自己已经不记得了，但据他们讲，我问他们："你们的呢？"他们回答："我们可吃不起。"于是我说："你

---

① 劳政事务所：战后日本"劳动省"（现在的"厚生劳动省"，负责医疗卫生和社会保障的主要部门）在都道府县及各地区设置的政府机关，负责劳动者相关事务的咨询。

们都不吃，我怎么可能吃呢。大家分着一起吃吧。”然而，据说他们也同样给劳政事务所的人订了外卖的盖饭，那个人毫不犹豫地自己一个人吃掉了。“因为有过这样的事儿，所以我们就信你了。”听他们这样告诉我，我倒感觉当头挨了一棒似的。

我以为是由于我跟他们讲了许许多多的道理，得到他们的理解才信任我的，但事实并非那样。因为我说了跟他们分享盖饭，所以才延伸出一个评价，认为我是他们的伙伴。

现在流行一种说法叫“国民的视线”，但实际上，与“视线”相比，更可贵的是“感受”吧。这件事告诉我，与对方保持同样的感受、站在同样的立场上是多么重要。那个时候的事情，我至今不能忘记。

另外有一次，我们通过农文协（农山渔村文化协会）的人牵线搭桥，想要举办千叶县成田地区农民和大田区工人的联谊交流。农村的年轻人乘坐大巴车来到了大田区。我坐上巴士，担任导游角色，介绍了大田区的工厂现状、斗争情况等。

若是嗓音好听些，我大概还会唱上一首歌曲吧。这点虽然没有做到，不过我学着导游的腔调做了一路解说："右边看到的是三菱重工下丸子工厂。战争期间是战车工厂，战后成为维修美军战车等的PD工厂（处于驻日美军直接管理下的兵工厂）。"这对我来说也是第一次体验。

日后，介绍人来对我说了一番话，让我吃惊不已："有参加交流的人拜托我，一定要把担任解说的女孩子说给他做媳妇。怎么样啊？"真是什么样的事情都会有！

婚约年代

另一方面，我与不破的信任关系在缓慢地逐渐加深。

1950年元旦，我被邀请去上田家。不过，一想到如果去了对方家、被介绍给他家人，就不能回头了，我不免有些犹豫。怎么办？怎么办才好哇？就这样想着、想着，结果比约定的时间迟到了大约一个小时。等我到达野方车站时，他一副等得疲惫的表情站在那里，于是我又觉得很对不起人家。

那天是我第一次去上田家，但受到他全家的盛情欢迎。过了很久很久，我公公庄三郎还在讽刺我："听到有人精神饱满地说着'你好'走进门来，还以为是推销员呢！"我婆婆笑眯眯地说："我还以为交女朋友，小建（建二郎）会是最后一个，没想到他倒成了第一个啊！"

当时我公公的母亲——老奶奶还健在，她也特别欢迎我。只是，老奶奶出生在高知县的土佐清水，年纪大，方言很重，所以只记住了她语尾的方言发音，实际说了些什么，完全没听懂。另外还有他哥哥耕一郎、长姐京子、弟弟俊郎。据说二姐在战争结束那年患结核病离世了。那个年代药品稀缺，加上在防空洞里进进出出，于是病情恶化了。她的名字叫忍夫。婆婆说："孩子们当中，脑袋最好使的是忍夫。"通过她遗物中的绘画、作文，也感觉透着大家说的那种聪明劲儿。就这样，我被不破介绍给了他家人，感觉是很温暖的一家。

随着交往加深，我渐渐地开始了解不破的为人。他给我的第一感受是诚实、认真，或者说是个非常谦虚的男人。那个时代的同龄男性，大概可以说是权威主义吧，总之每个人或多或少装出一副"我什么都懂"的虚张声势的样子，喜欢放大自己给别人看。然而，不破却完全不装腔作势。他基本是那种与我一贯抗争的“男性优越主义”正相反的人。

我的男性朋友们听说我和不破订婚了，都非常惊讶，认为不可思议。在他们看来，似乎是异想天开的组合。

我们从 12 月份开始交往，大约转过年之后，不破跟他的朋友讲了自己已经订婚的事。当时不破说：“就是你也认识的、第三高女的人。”他朋友回答：“要说第三高女的话，我也就只认识后町君啊。”“就是她。”“啊?!”据说他的朋友真的很惊异的样子。同时认识我们两个人的，大家的反应都如出一辙。纵然有人会说：“怎么会？那两个人？”“有意思的一对儿啊！”却从没被人说过：“真般配呀！”

我们两个人在一起的时候，极其偶尔地也去看过电影，但更多的是围绕我们搞的活动的话题，相互介绍自己的情况，时间更多地消耗在这些上面了。当时我在反对解雇工人的斗争中，主要工作是抄写传单，于是我请他帮我写过传单，还经常召开只有我们两个人的学习会。

我们最初的学习，由于当时普遍是从斯大林开始学习，所以我们学的是斯大林《论列宁主义的基础》这本书。地点是在“莺庄”的一个房间。公寓的住户中，有一个人是典型的“被老爷赎了身的艺伎”，但她是个很和善的人，对我们很友好。她跟我们说“可以用我的房间”，所以我们就借用了她的房间。

然而，我从早到晚四处奔跑，并且还要帮着家里干活儿，所以总是疲惫不堪。那时候，只靠父亲紫菜批发的收入不足以维持一家人的吃喝，所以我们把公寓入口处的大约两间屋子进行改造后，在那里卖起了冰棍。过了一段时间，不卖冰棍了，又改卖叫作“今川烧”的日式点心。我也在手头空闲时和工作休息日帮着做今川烧。用水把面粉快速和开，放进豆馅一烤，就做成今川烧豆馅饼了。说是豆馅，其实当时战争刚结束不久，所以不能像那些高级日式糕点店那样，全部使用白糖和小豆来制作。那些高级糕点店的师傅为了做出澄沙馅儿，要把小豆皮去掉。于是，我们就把他们扔掉的小豆皮要来，和红薯混在一起煮，既看着像是豆馅儿，又可以不加太多白糖就能做成。不破在晚上较晚的时间段来我家时，我还给他吃过卖剩下的已经凉了的今川烧。

总之，每天都是那样的节奏，所以即使年轻，我也处于精疲力竭的边缘。他一开始解说，我就像听到催眠曲一样，不知不觉就呼呼地睡着了。

不过，我们相互还是在极其繁忙中抽空，十分频繁地见面聊天。不破讲学生运动和他的学习情况，我聊在大田的工作情况。不能见面的时候，我们就通过写信方式交流，或商量事情。

进入大田区的地区劳联一年左右的时候，我给不破写了一封信。信的内容是向不破汇报前文中我介绍过的、关于正在商量成立工会的情况：

> 还有一件高兴的事儿，就是在蒲田开恳谈会的那天，正准备进入斗争状态的“新铁”（注：公司名称），因为我说晚上忙，所以他们就说中午召集斗争委员，让我给他们讲讲进入斗争状态以后怎么办才好，我就去跟他们讲了讲。在所谓的工会执行部之外，各车间又通过选举选出斗争委员（15 名）。那些浑身沾满油渍的大叔，来听我讲话。这种时候，我想我是最卖力的。

（中略）

这次讲话：既让我知道，虽然我到大田来以后，很多次地踏入罢工和反对解雇斗争的现场，和大家一起斗争过来，但还是有很多时候把它当作“别人的事”、自己是第三者来对待了；还教育了我，不懂装懂，真是难为情。我希望自己真正能和这些人在感情上融为一体后，充满信心地讲话，而不是卖弄小聪明和徒具形式的理论。我不是总在说嘛：“啊，我想拥有力量！”现在就是这种心情。

“赤色整肃”风暴

战争刚一结束，新思想和新知识就像决堤的潮水般，一齐涌上大街小巷。占领军的方针，起初也排斥军国主义、拥护民主主义。战争期间被禁止的言论结社自由也被允许了，因此，1946 年举行了战后第一次五一节庆祝活动。五一集会的会场，是当时被称作“人民广场”的皇宫前广场。

1945年12月17日，众议院议员选举法修改纲领公布，承认女性参与国家政治的权利，从此女性开始获得参政权。民众中间，之前被压抑的东西一下子爆发出来，工会如雨后春笋般猛增，民主化的浪潮瞬间席卷了日本。

但是，这种局面持续不久，新的风暴造访了日本。围绕战后处置问题，早在战后第二年，美苏就开始了对立。其后，中国共产党在1949年创建了中华人民共和国。美国由于害怕苏联和中国崛起，为了把占领下的日本变成“反共”的最后堡垒，因此开始了对共产主义的激烈镇压。

大约1947年起，根据占领军的整顿方针，出现了在基础工业领域里驱逐活动家的趋势，被视为共产主义者的人纷纷被开除公职。所谓“赤色整肃”开始了。

我到大田区地区劳联去的1950年，赤色整肃的浪潮不再局限在基础工业领域，而且已经波及中小企业。即使没有工会、与共产党毫无关联，但只要是经营者不喜欢的人，也会被贴上“赤”的标签，从工厂中赶走。

大田区内，当时有很多类似“渡边制钢”“大谷重工”等，虽算不上大企业，但也是拥有300~500名工人规模的大工厂。这是我去其中一个叫作“石井铁工”的工厂时的事情。工人叫住我，问：“后町小姐，‘赤色整肃’是什么？”

我说：“他们不说‘解雇’，而用英语的‘赤色整肃’（Red Purge）这种说法，这才是这次清除人员的本质所在。”因为当时的工人都与英语无缘，所以他们才会疑惑到底是怎么回事。

赤色整肃风暴的势头可真是猛烈。不只是普通的企业和工厂，以学校、媒体为首，各行各业都被卷入旋涡之中。在我学生时代，1948年经历的一件事，让我难以忘怀，也可以说是这次风暴的前兆吧。当时，战后拍摄了许多名作的电影公司“东宝”发生了工潮。东宝工潮是公司以“清除赤字、赤旗两个‘赤’”为由，通告解雇“砧制片厂”的270人开始的。形势很激烈，美军都出动来镇压，以至于有种说法是“没来的只有军舰”。我本人跟东宝毫无关系，但听说发生了那样的骚乱，自然待不住了。“瞧我的！”就飞一般地赶到了现场。

那时我第一次见识了电影制片厂。当时，砧制片厂里，龟井文夫导演正在拍摄电影《女人的一生》，所以请赶来声援的人参观了摄影现场。我记得，看到导演用场记板咔嚓一声，说："开始！"同样的镜头要反复拍好几遍。我当时想：女演员也真不容易啊！

东宝工潮中，导演、演员、道具师、摄影师等，试图制作民主作品的人，统统都被排除出去了。离开东宝的今井正、山本萨夫等人，后来成立了独立制片公司。另外，在教育、媒体、医疗等众多领域，情况也都大同小异。

"流血的五一节"与往返于小菅监狱

镇压共产党的一系列行动的顶峰，可以说是 1952 年发生的"流血的五一节"事件。当时，《旧金山和平条约》生效、GHQ（盟军最高司令官总司令部）结束占领日本。三天后，在神宫外苑举行了第 23 次五一节庆祝活动。为夺回在占领的最后时期被禁止使用的"人民广场"（皇宫前广场），六千人的示威队伍朝着皇宫方向大举行进。

我的髋关节先天有毛病，当时已经相当严重，有时走一步都会出一身黏汗。即便这样，我还是下定决心，一定要参加五一节活动！

我家附近的蔬菜店有一个体魄健壮的大叔，他来告诉我说，他也要去参加五一节活动。他说，如果我走不动了，他就背着我。我感觉心里很踏实，就决定跟他一起往皇宫去。

我们是从祝田桥进去的。当时警察已经出动，与先行进入的人发生了争执。我本想先出来到广场歇口气，但一看情形，哪里还谈得上休息。催泪弹飞过来，眼泪就哗啦哗啦地流下来。

不一会儿，听见枪声了。我的腿疼早不知跑到哪里去了，跟蔬菜店的大叔一起拼命地跑起来。逃着逃着，在我们前面两三米远处跑着的一个青年，突然扑通一下倒下了。

我和大叔一起凑到跟前儿去，看见他大腿后面渗着血，是被子弹打中了。我们和青年之间，前后还有好几个人，子弹却打中了离我们不过两三米远的青年的大腿，这是怎么回事？至今我还感觉这是一件不可思议的事。

总之，我认为这是发生了大事儿，所以，我们两个人架起那个青年就喊："有救护班的人吗？"有人说："在那边！在那边！"我们到了插着红十字旗的帐篷一看，可不得了。有头部被警察用警棍打破的人，鲜血溅到衬衫上。被血染得通红的人们横七竖八地或躺或坐在那里，多得数不清。

我们把倒下的青年托付给护士后，就继续逃跑。从楠公铜像附近，往我们进来的祝田桥方向去，只有一条路可走，就是爬上一道很高的堑壕。大家都被人流推搡着，有人爬上了堑壕的石墙，其中又有人掉到壕沟里去了。我们一个劲儿地跑，直跑到马场先门。一边是壕沟，一边是通向广场的路。但是，广场上已经列队站着警察。无奈，我们在离马场先门最近的地方，顺着石墙往下滑。松树枝下垂着，几乎能触到地面，所以我们背靠着石墙，顺着松枝下滑到几乎贴近水面的高度。然后一溜烟儿地从东京站逃回了莺谷。大概在楠公铜像附近时，我和蔬菜店的大叔走散了。

我比较早地到了东京站，所以坐上电车，好歹回到了家。这是非常幸运的。

而不破在我回到公寓后不久也过来了。据说他在东京大学的学生队伍中，作为游行的先头部队，不是从祝田桥，而是从马场先门进去的，刚一进去就遭到武装警察部队的袭击。他的行动线路与作为后续部队的我刚好是相反方向。我母亲把他上衣破了的一只袖子给缝上，他休息了一会儿就回去了。

后来听说，傍晚时分开始，警察出动，到各个车站把那些衣服破了的人、身上带血迹的人，都作为参加五一节“骚扰罪”嫌疑人抓走了。

从第二天起，警察开始在莺庄前面的商店街打探情况，来确认我是否参加了五一节活动。于是商店街的人都为我说话：“小七加腿不好，不可能去那种地方的！”当时我真的特别感动。

我刚入党那阵子，拿着写有“恢复日中邦交”“全世界呼吁禁止核武器”（斯德哥尔摩国际和平呼吁）等口号的签名册在商店街走访时，会听见店铺里面传来声音：“什么？共产党？拿盐来！”有时根本没容我说话就被赶出来了，而且还被撒过好几次盐。[①]然而几年过后，大家却变成这样“包庇”我了。

其中我不能忘记的是，我家对面鱼店的大爷。他对我说：“小七加要是被抓起来关进监狱，我去给你送鲷鱼啊！”想到自己有这么好的声援队伍，我由衷地高兴。就这样，周围人齐心合力保护我，我才免于被逮捕。

然而事件之后，突然出现一件糟糕的事。参加五一节游行的大田地区劳联工会成员，以劳联书记为首，几乎都被抓走了，人员所剩无几。这下也容不得我哭诉什么腿疼之类的了。哪怕只有我自己一个人，也得召集地区劳联会议。当时，事务所已经搬到蒲田。

只要去地区劳联，就会被警察跟踪。在那种紧张的形势下，不断有工会退出劳联。为挽留住他们，我到各处的工会去找他们谈话，听取各种情况后做成简报。大概有一年的时间，地区劳联的工作，都由我一个人包揽下来了。

我每天都累得想哭，连自己都认为那段时间做得

① 在日本，有撒盐以辟邪的风俗。

太棒了。大概还是因为年轻才做到的。之后搞选举等活动，也经历了种种不容易。但几乎可以说，再没有哪个时期，像在地区劳联一个人奋斗的那年一样，把自己的身体用到了极限。我是独自一人坚持下来的，这件事别人不知道，但我自己清楚。那也是我引以为自豪的一件事。无须多言，无论什么时候，不破在精神上给予我的支持成为巨大的力量。无论多么困难，让我感觉我不是一个人，这成为我内心的支撑。

为了那些被抓走的伙伴，我还去过几次小菅监狱探监送东西。因为单身者居多，从换洗衣服到其他所有日常用品，都必须得给他们送进去。我在想送些什么吃的好？于是想到了既有营养、又方便嚼着吃的小沙丁鱼干，所以就在位于上野的美横街买来许多成袋的小沙丁鱼干，带着去监狱申请探监。

有一次，为节省时间，我一下子申请了探视两个人。结果被叫到的时间正好重合。见面时间是有限制的，所以我就把两边的房门都打开，在两个房间之间来回跑："我来了啊！给你送来了小沙丁鱼干儿啊！""给你拿了内衣来的啊！"所有一切，都是我头一次经历的。

最终，在“流血的五一节”中被逮捕的有1 232人，认定犯“骚扰罪”的有261人。然而20年后，1972年进行的二审中，骚扰罪全部被撤销。结果，只有16人被判妨碍执行公务。即便普通的劳动纠纷，只要警察来了，稍微发生争执，就会被认为是“妨碍执行公务”。所以宣称什么“流血的五一节”而闹得沸沸扬扬，但实际上没有人真正做了那种被问以重罪的事情。

后来，岁月流逝，我丈夫开始参加国会。因公事乘坐新干线时，总要路过马场先门去东京车站。于是不管愿意与否，那些松树都会进入眼帘。

已经过去几十年了，也不知还是不是当初的那些树，但是下垂在石墙上的树枝的形状，却与当年几乎没有变化。每次看到它们，我都会佩服自己：也真难为我了，拖着条坏腿，还能顺着那些松枝攀爬逃跑！

第四章

结婚——新的旅程

手工制作的婚礼

“流血的五一节”后的第二年，1953 年 3 月，我们决定在不破大学毕业的同时结婚。也不需要重新求婚之类的，我们把两个人在涩谷事务所进行第一次深入交谈的 1949 年 10 月 17 日当作“相遇和订婚纪念日”。从那天算起，大约经过了三年半的时间。

尽管相遇时青春年少，不过 19 岁和 20 岁，但那之后我们彼此很好地理解了对方，并就如何一起生活下去进行了深思熟虑。我们坚守着“各自终生不变的 1%”的部分，所以在我的心里，结婚是顺理成章的事。

毕业后，不破决定去钢铁劳联（日本钢铁产业工会联合会）总部做文书工作。关于这份职务，他事先并没跟我商量，所以听说时，我愣了一下。由于他大学的专业是物理，所以我在某种程度上以为他会选择与工人运动不同领域的工作。既然是不破自己做出的决定，一来我也不必特意追问理由，二来或许在我心中还有一种更强烈的想法：他和我做同行，我们就会有更多共同语言。

关于毕业，还有一件事值得提一下。不破从旧制一高时代开始，一直依靠奖学金和打零工来支撑生活。在东京大学，因为三年没有缴纳学费，所以毕业那天，年级 32 名毕业生中，教授拿到教室来的只有 31 人的毕业证书，其中没有不破的那份。据他本人讲，当时想着“没有就没有吧，也不是非要不可”，于是就回家了。

然而，不破的父母在半年后，背着我们，私下把滞纳的 9 300 日元学费替他交上了。我们满怀对父母的感激之情，收下了毕业证书。这与我在第三高女专科时交不起学费，一个党员老师帮助了我，有某种相似之处。

婚礼是在不破的母校一高的校友会馆举办的。我们采取当时还很罕见的会费制，一个人 150 日元。当时的物价是，一本综合杂志卖 100 日元左右。

朋友们暂且成立了一个“执行委员会”，但大家都是同龄人，“结婚仪式”也都是第一次，没有人知道规矩。最终，从婚礼的邀请函到租借会场的交涉，再到当天的会场布置，全都是我们两个人自己做的。

不破去交涉租借会场的时候，管理校友会馆的负责人很高兴，说是“还没有人在这里举办过婚礼呢”，加上又知道来交涉的是新郎本人，他很惊讶：“既然是这样，那我得……”所以当天特意来到会场，为我们送来了祝福。

说是婚礼会场，我们能准备的，也就是在桌子上铺上模造纸而已，很简朴。我父亲为我们提供了家里卖的烤紫菜，丈夫的父亲给我们准备了酒。两个家族成员和朋友，聚集了近百人，参加了这个会费制的简朴仪式，一同为我们庆祝、欢喜。我丈夫在致辞时极其认真地说道：“总之这是第一次，还不习惯，所以……”我清楚地记得，他这么一说，会场顿时被一片大笑声包围了。

这时我们朗诵的“结婚誓言”，是下面这样的内容：

结婚誓言

我们两人在此结婚，

宣誓永结同心，终生相依，

并齐心合力，

为世界的和平与解放大业，

更加竭尽全力不懈奋斗。

一九五三年三月二十二日

上田建二郎

七加子

最初我们在位于中野区野方的公婆家住，借住在我公公的四叠半的书斋里。过了一段时间，我们在附近租了一间四叠半的屋子开始独立生活。我把那时为了开始新婚生活备齐的“财产目录”作为纪念留下来了。当时的一般百姓所说的“新家庭所需物品”，大致也就是这些东西了。

小衣柜	5 900 日元	碗柜	2 100 日元
梳妆台	2 100 日元	矮饭桌	1 100 日元
煮饭锅	500 日元	台灯	470 日元

煤气炉	270 日元	炒菜锅	260 日元
涮洗桶	230 日元	小茶壶	200 日元
平锅	170 日元	菜板	140 日元
笤帚	130 日元	铁水桶	115 日元
洗脸盆	100 日元		

（另有些 100 日元以下的小物件）

共计　　14 474 日元

这些物品中，作为贺礼，大伯哥耕一郎送的是矮饭桌，大姑子京子送的是梳妆台，小叔子俊郎送的是菜板。一段时间后，我母亲送来了一套新被褥。成家所需的物品，是我跟婆婆一起，在中野区野方的商店街买的。这样，我和不破的新生活就开始了。

一边做兼职一边新婚旅行

不破开始在钢铁劳联工作后，时不时地会接受一些他从学生时代就开始做的临时性的兼职工作。在为一家出版社的专题策划“社会见习博物馆”撰写稿件时，策划是去全国各地的工厂和矿山考察、写现场报道，介绍产业的历史和社会意义以及产品的整个生产过程。报道的内容，小到豆酱、蜂窝煤、皮鞋和绘画颜料，大到火车、轮船和大楼建设工地。实地考察生产制作现场的每一处角落，对于后来不破调到党中央后的工作，似乎相当有益。

这是日后不破成为国会议员以后发生的事情。据他讲，有一个机会，他与丰田汽车公司出身的经团联（经济团体联合会）会长碰面："在战后比较早的时期，我就去过丰田总公司工厂，当时工厂用地才使用了一半。因为是打零工、做兼职要写现场报道，我把整个工厂都转遍了。"那些都是会长进公司之前的事了，所以听他这样一说，会长非常惊讶。

结婚那年的7月，不破因为做兼职采访旅行要去关西地区，于是他提出一个计划，就是让我也跟着一起去，权当代替新婚旅行。行程是六晚七天。经费预算因为只有出版社支付的一个人的差旅费，所以我们只在京都和松山两处住了旅馆，其余的日子或是睡在夜行列车上，或是在横渡濑户内海的轮船中休息。至于旅馆也是，我们想找便宜的旅馆，在京都订到了供修学旅行的学生使用的大房间，于是我们就在十几张榻榻米的大敞间的一个小角落里睡了一宿。

在大阪，我第一次吃了“不二家的冻糕”。实际上，以前曾经有学长请不破吃过，他觉得好吃，就跟我说：“有机会也请你吃啊！”刚好大阪车站里面有不二家的店铺，所以我就让他兑现了承诺。他去参观工厂期间，我便一个人打发时间，上街闲逛或去参观大阪城。

离开大阪，我第一次踏上了广岛这块土地。我们是清晨到达的，所以和平纪念公园里空无一人。公园中央的纪念碑已经建成，但和平纪念资料馆还在修建中。原子弹爆炸堂，现在已经禁止入内了，但当时还保留着被轰炸时的状态对外开放，所以我们进到里面去参观了。看着眼前保留下的残垣断壁想着：“啊，这儿就是爆炸中心地带啊！”内心被一种难以言喻的沉重感冲击着。

从这一次颇具我们风格的新婚旅行回来后，为找租金便宜的房子，我们辗转搬了很多次家。从野方的公婆家搬出来，我们的第二个住处是位于目黑区的公寓，一间六叠的屋子。公寓一层两户、二层两户，总共住了四户人家。并且，其中一户住着六个兄弟，所以虽说是四户人家，实际人数却非常多。全部住户共用两个卫生间。厨房的煤气灶只在一层有两个，四户人家共用。当时自然还没有电饭煲、电水壶等方便的厨具。

我们家在二层，所以每到吃饭时，为了把米饭、酱汤、菜等端到房间，都要上下楼梯。吃完饭后，又要把餐具拿下楼清洗整理。都不知道一天要上下楼梯多少次。

不过，那时候的公寓没有浴室，厕所公用是普遍现象，一大家人在六叠的一间屋子里生活也是很正常的事。所以对我来说，并没有贫穷、艰难、辛苦的记忆。相反，能开始跟丈夫一起共同生活的喜悦的成分更多些。

我依旧在大田地区劳联工作，所以我们夫妻是双职工。正好也是我很忙的时期，所以有的日子就不能像样地准备饭菜了。但是，即便我在做饭问题上偷工减料，不破也从来没有过怨言。不仅如此，他还积极地帮助做家务。

在我无法准备早餐时，我们俩也曾一起到武藏小山的商店街附近的食堂去吃饭。虽说是在外面吃饭，但也就是米饭加炒圆白菜，有钱的时候，顶多菜里再加点儿肉，也就是这样的标准。

在中野区沼袋居住的房屋前（27岁，1956年）

搬到目黑区大概两年后，不破的熟人来问："我要到地方上去工作。不在家的这段时间，你们能不能租我们家的房子？"这样，我们就搬到了位于中野区沼袋的一个独门独院的房子去住了。然而，那个家虽说是独门独院，但基本上和工棚差不多，透过榻榻米和墙壁的缝隙甚至可以看到地面生长的杂草。为驱赶虱子，要点燃杀虫剂，接下来的情景就是，缕缕烟雾从墙壁和屋顶的缝隙冒出向四处扩散。

过了一阵子，情况发生了变化。那家房主要回东京，于是我们就和一个朋友一家搬到杉并区西荻洼的公寓去了。一间六叠的屋子，外带两叠左右的铺木板的房间做厨房。虽说离车站有点儿远，但住起来还比较舒适，直到长女出生，我们都在这个公寓生活。

笔名“不破哲三”的由来

在这本书中，我一直把丈夫称作“不破”，但众所周知，这并不是他的本名。“不破哲三”最初是他给自己起的笔名。

我丈夫有些学究气，即使离开学校步入社会，也从没放松过学习。他只要有一点儿空闲，就和学生时代一样，总是在读书。结婚那年的年底，甚至在我们两个人去百货商场买年货的时候，他在拥挤的人群中还翻开书看，着实令我惊呆。20 世纪 50 年代开始发行的《列宁全集》和

《马克思恩格斯全集》，他也一本一本去找着买来，不管是在上班的电车里还是在哪里，埋头就读。

结婚那年，1953 年 9 月，我丈夫在共产党的机关刊物《前卫》上发表了研究论文。那是在钢铁劳联开始工作大约过了半年的时候。因为他就职时没有说自己是共产党员，所以有些不便于用本名“上田建二郎”署名，于是决定这篇论文用别的名字署名。

那时候，我在大田的地区劳联，接待来商讨成立工会的人，每天都工作到很晚。当时我们住在野方的公婆家里，附近有一个名叫“不破建设”的油漆店。在那里劳动的四五个工人说起想成立工会，我也在跟他们商量。据说，笔名中的“不破”，就是从“不破建设”取来的。而“哲”这个字，是从钢铁劳联的“铁”字的发音联想到的。[①]总之，都没有富含特别深刻的寓意，只是打算当时用用而已，是很随意地起的名字。

然而“不破哲三”这个名字，随着岁月积累也不断增加厚重感，它与我丈夫的理论活动变成了无法分割的

---

① “哲”和“铁”在日语中的发音都为“tetsu”。

关系。自从不破开始在党中央委员会工作后，在政治活动方面，不知从什么时候开始，这个名字变得更通用了。

说来也是很自然的事情，当不破进入国会以后，连我也被称作“不破七加子”“不破夫人”。刚开始不习惯，有一个时期还颇有些不知所措。从“上田”开始自称“不破”，已经60年，现在，我与别人谈到我丈夫时，已经很自然地说“不破……”。人世间的事，真是变幻莫测。

那些令我费解的事

我不喜欢用“主人”这个词来称呼自己的丈夫。[①] 它总让人感觉有一种弦外音，仿佛丈夫是“主”、妻子是“从”。我认为夫妻始终是对等的伙伴关系，所以迄今为止，我从没有用“主人”这个词称呼过我的丈夫。当然，各人的想法和感觉不同，因此我没有批评别人用“主人”这种说法的意思。

---

① 日本女性多习惯使用“主人”一词来称呼丈夫。

总之，我丈夫从最初就是与那种“老婆就该默默地伺候老公”类型的大男子主义、我与之斗争的“男性优越主义”相距甚远的人。每个人身上都有优点、缺点，我认为不破的优点之中就有公平和谦虚。

结婚后过了一段时间，发生了这样一件事。不破兄弟两人要在一家出版社共同出书，然而到了书的内容基本写完、只等着出版的最后阶段，说是两个新人联名出书还是有困难，所以决定只署他哥哥上田耕一郎的名字，不署不破的名字了。

从前的书，要在每本书的最后页贴上印花、盖上印章。这项工作由我承担，当时基本上快要完成了。所以我问了一句：“都到最后时刻了，为什么呀？”不破淡淡地回复道：“跟署我的名或是不署我的名相比，这本书的出版更重要。”既然他本人都无所谓，我自然不需要多说什么。

过了两三年后又发生一件事。不破在钢铁劳联工作的同时，用笔名“不破哲三”撰写的政治论文已经积累了很多，所以我就问他：“差不多可以出书了吧？”不破说：“书是在情况成熟、有了出版必要性时，应运而出的。我从没想过自己提出出书。”这让我再次知道了丈夫的想法。某种意义上我很佩服他：“这么年轻，说的话却悟得相当透彻啊！”那之后，我再没有针对出版发表过我的意见。如果说给某人出书，通常此人会很高兴，还有许多人自己提出要出书呢。所以，我以为这种想法很普遍，但不破不这么认为。

他在很多事情上都是这个样子，有着一些跟我大相径庭的想法。有些方面我认为他“真了不起”而尊敬他，也有的时候认为他很是令人费解。

年轻时他就说过“不擅长经济学”。后来，到党总部开始工作以后，也在大家面前说“总之经济是我的弱项”。我就按照文字表面意思不折不扣地领会，彻底以为就是那么一回事。

然而，2011 年春，为出版自传《时代的证言》而整理旧资料时，发现了几本不破很早以前的笔记。是他 17 岁时的东西，用德语整整齐齐地抄写了列宁的全本《哲学笔记》。另外还找出大量的笔记。《资本论》自不必说，马克思、恩格斯、列宁等的主要著作，他在高中时代全都读过了。

“你不是十七八岁就开始读《资本论》了吗？”我这样说。不破道：“《资本论》不是读了几遍、十几遍就可以说读懂了的。”若是我，不论什么书，只要读过一遍，我就会说“那本书我读了”。

丈夫的这种性格，无论十几岁的时候，还是现在年过八旬，也丝毫没有变化。从2002年1月起，为期一年、总共23次，他在共产党总部担任“代代木《资本论》研究会”讲师。那时我听到他说：“最近《资本论》终于得心应手了。”从他嘴里说出这样的话真是稀罕事儿，让我印象深刻。无论何时何处，从不夸口说“这个我会、那个我会”，这就是不破。

有个他儿时的小插曲。不破小时候，在家里有个外号叫“壁龛”。据说原因是因为他爱哭，每次有点儿什么事儿，他就面对着壁龛哭起来。不只是伤心时，但凡被什么事触动，他都会瞬间流出眼泪。

小学三年级时他就写了小说，还刊登在杂志上。可因为这件事被学校老师表扬后，他却哭了。我很不可思议地问丈夫：“为什么被表扬了要哭？”他说：“受到特殊对待，就触动到了感情的那根弦。”我本以为，通常人们受到表扬只会高兴呢……这种事情，即便我们相依相伴了60年，至今仍感觉匪夷所思。这个小学时代的哭鼻虫，他自己说，上了中学以后，借着人际关系彻底发生变化的机会，有意识地让自己不再哭了。

另外，选举事务所第一次制作候选人宣传手册时，在学历一栏，不破只写了“大学毕业”。一来因为钢铁劳联时代，东京大学毕业的经历之类毫无必要；二来正如上小学时讨厌被“特殊对待”一样，这时似乎不愿意刻意写上“东大毕业”。然而辅选工作人员苦于如何宣传他这位新人，所以他们提出：“最好明确写上东大毕业，因为这也牵扯能否获得信任的问题。”这样不破才总算决定写上的。

总之，多亏丈夫的这种性格，我们才圆满地维持到今天，这也是事实。夫妻原本是不同的两个人，遇事时意见不合很自然。这些只有历经岁月磨合，才能相互理解对方性格。我不记得我们曾吵过架、拌过嘴。虽然话是这么说，年轻时我主动找碴儿的情况还是有的。但我丈夫无论遇到什么问题，从没有过高声粗气地说话，或是对我说出侮辱性的言语，或是要求我干这干那，所以我们也就吵不起架来。凡事只要能好好沟通，各自把自己的想法告诉对方，通常都可以解决问题。

夫妻的来往书信

从大学毕业前两周起，至1964年3月，不破在钢铁劳联整整做了11年工会文书。这期间，他马不停蹄地在日本全国各地奔波。

不破所属的部门是钢铁劳联总部企划调查部。主要工作内容是分析经济形势，探讨有关工资、劳动时间、“合理化”问题的方针，起草运动方针，等等。只要有工资斗争、反对解雇运动等大规模斗争，不管是在哪里，他都要奔赴现场，连续几天住在当地负责组织活动。

在关西地区，他曾在兵库县尼崎市的事务所的一间从门缝往里灌风的屋子里住了好几个星期。一大早就出去散发传单，参加职场集会，在公司宿舍和主妇们交谈，组织共同斗争会议，还召开青年学习会。处理着方方面面的事情，夜以继日地工作。

有一次，不破出门时本打算一两天就回来，所以连换洗衣服也没带，结果，有一个工会的跨年斗争拖延了时间，直到年底马上要过新年了才回来，其间，一个多月没回家。1957 年的工资斗争中，从斗争开始到结束，40 多天，他一直留在八幡制铁所的现场。

关于不破，动辄就被人们用“党官僚的精英”或是“代代木（共产党总部所在地）的王子”之类来形容，被说成是似乎没吃过太多苦就走到了前台。关于他的活动也一样，似乎聚光灯也只集中到他进入国会后的活动。但是，对于不破作为钢铁劳联文书的 11 年时间，我要肯定他：选择这条路是对的！

我丈夫自己也说，这个时期的经历不仅使他在理论上得到了提高，而且现场实地体验了工人的状况，对于之后开始党总部的工作十分有益。与做兼职去采访而四处仔细考察日本产业现场相同，都是成为日后不破的血肉一般重要的工作。对于当时的我来说，丈夫为了工人而奔走于全国各地，作为妻子，我也很骄傲。

话虽这么说，但要说丈夫不在的日子不寂寞，那也是假话。他出差一走一个月不回来，我也担心他的安危。当时电话还没有普及，做梦也想不到时代会变成现在这样，使用网络和手机，即使远在天涯海角也能随时随地取得联系。在当时那种情况下，我们继续跟学生时代一样，通过书信详细地传达着各自的状况和心情。钢铁劳联时期11年间的书信，有时写得像是日记，记录了各自每天的情况，只要读了不破从出差地寄回的“活动报告”，就能十分清楚当时钢铁工人和运动的情形。有时又写的是关于理论、读书的情况，有时是相遇时的回忆，有时是对国内外发生的事件的感想和评论。除明信片以外，信的内容都比较长。下面摘取的是长信中选出的、焦点集中在交流相互感情的一小部分，也就是信中的几个点、几小段。我认为这些信，从某种意义上讲，比实际在身边时，更加强了我们之间的情感纽带。

七加子写给建二郎的信：

契诃夫在《写给妻子的信》里的表达率真和浪漫，他随心所欲地讴歌着爱情，让我们这些日本式的人惊讶不已。从“可爱的人”开始，几乎每一节都以“我的小狗啊、肥肥哟”之类开头，以“拥抱你、千百万次地接吻”结束。无论怎样，建二郎和七加子也写不出来。不过，最后，如果日本式地表现契诃夫：

成为我内心支撑的人，请告诉我，我们二人结合的生的幸福，让我不再惧怕死亡。因为你的爱情，你的全部，是我活着的力量。

（1956年12月20日。为支援日亚制钢公司的跨年斗争，12月5日晚，我丈夫从东京出发，匆忙去了广岛县吴市。斗争拖延了时日，直到马上要过年了才回来。这一段摘自那次长时间出差时写的一封长信中的最后一节。）

建二郎写给七加子的信：

换个话题。你都好吗？出乎意料地拖长了时间，想到你一定寂寞着，我的心情也恨不能跑步进入大会阶段。离开家踏上旅途，才真真切切地感受到与你的生活，在我内心中占有的压倒性的比重。晚上，即使回到宿舍，我的感情和思想仍旧完全不能平静。说是看书，却仿佛离开了大地的植物一般，找不到安详的着落。与你一起的生活，几乎无法用“比重”之类的词汇来表达，它已经成为我生活的全部，这本应是明摆着的事，但我仿佛现在才用整个心灵和身体感受到它似的。（即便这样，夜晚，我或是在读从旧书店买来的甘瑟的《非洲内幕》，或是重读带来的《列宁全集》，还算是在学习，你放心吧。当然，有时也会用侦探小说来放松一下。）

（1957年9月9日。摘自不破为参加日本钢业工会应对经营危机工会大会、赴九州出差期间写的信。）

七加子写给建二郎的信：

一个人独处的第一天。早上开始就凉飕飕的。也没有下雨，却像是一直飘着看不见的浓浓的雾气般的天气。

“现在火车到哪儿了呀？他冷不冷啊？”首先想到的是这些。又想，还是应该给他带上冬天的内衣才对……一整天满脑子就在想这些事。

“唉，今天开始要一个人生活了。他不在家的日子，我是怎么过的呢？”

“唉，独自一人了。我得打起精神来！”还想了这些。这是我变成一个人的第一天的心情。每次都相同。

（中略）

当我变成一个人时总想：你到底是个什么样的人？为什么你这个人能让我感觉，你和我在一起，没有你就不是我了呢？

你一定会说：“七加子又开始多愁善感了啊！因为两个人相互喜欢，是夫妻嘛。”

但是，我跟你在一起的时候，这些事，也不会在脑子里浮想的啊。只有分开时，看着映在镜子里自己的身影，我才会重新思考，关于我、你，我们两人结合的奇妙。

这件事，与那些只是每天在一起、依靠被习惯和惰性包裹的爱而每天生活在一起的夫妻相比，我认为更加、更加重要。因为，对问题的关注、思考、分析反省，这些行为，让两个人既是两个个体，同时又是一个整体这种结合越发深厚，也让爱更加、更加地纯化；在相互知道对方的全部的同时，又全都不了解，总能以新的眼光、带着新的喜悦，来注视两个人不断重新创造的对方的性格、才能、爱情、习惯等。

（1957年10月21日。摘自写给作为工资斗争的九州工会组织者、在八幡长期逗留中的丈夫的信。）

七加子写给建二郎的信：

啊，如果没有1949年的10月……这样一想，我几乎想要紧紧地拥抱那年的10月。那时的两人，那时的心情，我真想紧紧地拥抱它们。

（1957年10月23日。同样摘自写给在八幡长期逗留中的丈夫的信。）

七加子写给建二郎的信：

我们俩的信装了满满一箱子了。现在重读起来，自己都感慨：天哪，竟然真有那么多写不完的话题啊！不管是装腔作势摆出的革命家架势也好，还是头脑清醒的也罢，这些信都是不断加强我们两人连接的斗争史、奋斗史，喜悦的记录，想到这些，我几乎想一封一封地亲吻它们。

你是没有我这种兴趣的，所以大概不会重新去读它们，不过希望你将来有一天能够读读看。它们所蕴藏的力量和魅力，将会随着岁月的增长而不断地发酵。然后到某个时候，或许读起来就会止不住流泪的……这种心情，我终究无法用语言很好地表达出来，但我想，我们两个人是会懂得的。

（1957 年 11 月 3 日。摘自写给去八幡长期逗留中的丈夫的信。）

建二郎写给七加子的信：

清晨。早上好！醒得早，但今天没有需要去发传单的目的地。在煤气炉边烤着火，面对桌子坐下。想着总是只写明信片也对不住你，所以提起笔来。

（中略）

终于等到今天，日亚〔制钢〕[①]进入无限期罢

① 方括号内的文字为作者添加的注释说明。

工，与此相呼应，8号开始，〔尼崎〕铁板同样进入无限期罢工。另外，由于要参加〔在企业重组中〕正在进行反对分离斗争的日亚制纲的工厂讨论等原因，看来必定会有些许“会期延长”了。与你见面的日子，哪怕稍许延后，我也觉得无比遗憾，就把那种心情寄托在这封信中一起寄去吧。

（中略）

晚上十点。回去后又要被你嘲笑了，但还是把今天的工作做个介绍吧。〔写完早上七点到晚上七点的日程后〕唉，情况就是这样，总之是忙到让你羡慕的程度。

即使这样，当夜晚一个人孤零零地待在地协时，不由得感到或称作旅愁（大概也不那么严重吧），或称作茫然的空虚感（意思是想太太了），让人不踏实。我心里惦记着得动手写宪法〔论文〕了，一度在桌子前坐下了，却怎么也无法进入状态。这种时候，我更深切感到与你一起的生活和家庭的重要性。因为，即使像我这样讨厌喝酒的男人，现在也想喝下一两杯加冰威士忌呢。

你那里的情况怎么样？我记得大概后天是去KO〔庆应医院〕的日子吧？你说的微微的突动感，差不多已经变成真正的胎动了吧？也是时候能听到心音了吧？一路曲折，居然到达了今天这个地步，让人感叹。既然已经走到这一步，总而言之你不可以不保重身体啊！千万别被坐垫儿绊倒，或是感冒之类的……

（1958年12月7日。不破为支援关西地区的跨年斗争、住在尼崎的关西地协事务所。）

重新再看两人的来往书信，与最初时情书中“宇宙已经开始运行了”之类的坚硬的字眼相比，很明显，两个人的关系发生了变化。正如信中写的，想想到最后有一天读到这些信时让人不得不流泪，我就感觉，这些承载了两个年轻人的时间的信件，宛如珍宝般可贵。

退职、父母去世、生子

我和不破都做着与劳工相关的工作，所以，作为夫妻、作为同志，我们总有说不尽的话题。然而，或许由于“流血的五一节”后各方面超负荷劳动的原因，1956年开始，我持续低烧、身体疲乏，只要一活动体温就会更加升高。无奈，尽管遗憾，但还是决定暂时辞掉持续了7年的工作。

另外，那个时候，党的大田地区委员会还把我写的一篇回忆长文登在了地区发行的《党报》上。根据我手头保留的《党报》，文章坦率地指出了区内女性劳动者的实际状况、党内在女性待遇方面落后等情况。地区委员会对我离开大田表示遗憾，为文章附上一段“离别赠言”，让我感受到伙伴们的温暖情谊，成为我不能忘却的记忆。

我们当地的医生说“原因不清楚，大概是劳累吧”，所以我也没有吃药，也没有特别补充营养，只是睡了又睡。之后过了二十来年，有医生说“看X光片显示肺里有结核的钙化点”，这才知道当时的病状是结核。我惊叹当时居然没有传染给我丈夫。

那段时间，我公公上田庄三郎拿到两张歌舞伎剧场的票，邀我一起去观看。我公公曾经在高知县土佐清水市做教员，提倡教育自由，也就是现在说的民主教育。他是一个反叛精神十分旺盛的人，“只要学校不是兵营，只要学校不是监狱，学校就必须是允许孩子们最大程度的自由、培养他们最大的创造力的殿堂”。据说他的行动基于这样的想法，但最终被视学（战前文部省和地方上设置的教育行政官）赶出了学校，然后到了东京。来到东京后，他一边参加左翼教育运动和文化运动，一边自己创办杂志，也在与教育相关的出版社做过编辑。在不破开始记事的时候，公公就靠他一支笔养活着一家八口人。上田家的经济状况绝不是十分优越的。

被这样一个公公邀请，我第一次跟他两个人单独外出。对于市井间长大的我来说，浅草是我常常涉足的地方，但看歌舞伎表演、去歌舞伎剧院，都是头一回。所以，我很好奇那是个什么样的地方，而且也有些许的期待：公公肯定会招待我吃点什么。

歌舞伎演出一开始，我们两个人就借来望远镜，从三层的座位观赏。到中间休息时间，周围的人开始摊开寿司盒子或是便当。于是我问：“爸爸，我们不吃点儿什么吗？”公公说：“没带钱。”三楼也有小卖部，卖豆馅面包等，于是我又说："豆馅面包也不错呀？"公公回答说那也买不起。"那，就喝杯茶？"我们出来到走廊里一看，茶水还附带日式点心，也要花钱。没办法，我去了洗手间，喝了水，填满肚子。

回家路上，我给莺谷的母亲打电话："我跟公公一起过去，给我们准备点儿吃的。"等我们到了我娘家，母亲已经在小桌上摆好锅仔菜，是松茸和鸡肉上浇鸡蛋汁的那种，还有生鱼片、蔬菜之类的，正等着我们呢。我和公公吃着母亲做的饭菜，连声说着："好吃！好吃！"吃饱肚子，心满意足地回家了。现在想起来，也都成为令人怀念的记忆。

辞掉工作后休息了几个月，感觉体力恢复过来了，就想差不多要重新开始工作了。而就在这时，我意外地怀上了第一个孩子。或许因为身体还没有恢复到正常状态的缘故吧，在5月5日"男孩节"这一天，我流产了。当时我28岁。从那时至今，已经过去55年，但每到"男孩节"，必定会想起那个未能出世的孩子。

患了结核之后的两三年里，家里接连发生大事。流产后的第二年，也就是1958年，我再次怀孕。然而，同年10月，不破的父亲上田庄三郎、我的母亲千代二人相继去世。公公得的是肝癌，母亲得的是急性骨髓性白血病。母亲身体很好，一开始还能去探视公公上田，但因为是急性病，所以发病以后，转眼间人就没了。最终，比我公公还早走了17天。葬礼后，我发现了母亲用法兰绒为新生儿缝制的小衣服。

对于怀孕初期的我来说，两个重要亲人的离世是很沉重的打击。况且，前文中我也讲过，母亲自己提出“想加入共产党”，但由于我的阻拦，让她直到去世都未能如愿，留下了我人生中唯一且最大的遗憾。

两场葬礼赶在了同一个月，无论对于精神还是肉体，都是非常受折磨的一个时期。但想到，如果这时我痛哭、乱了方寸，精神受到影响，再次流产怎么办？当公公和母亲得知我第二次怀孕时，他们都特别为我高兴，从内心期待着与将要降生的孩子见面。我想，哪怕为了他们两个人，无论如何这次我也要留意身体，生一个健康的婴儿。即便哭，也要等到生产之后。我这样想着，硬是控制住了自己的眼泪。

或许是那时的后遗症，之后，过了许多年，只要提起母亲，我就有抑制不住的悲伤。大概是因为那时生生地自我屏蔽掉感情、不让自己哭泣，尔后终于得以释放、迸发出来的缘故吧。

当时我丈夫还在钢铁劳联工作。在那期间，不破曾经替我父亲到上野、本乡的多家旅馆去配送紫菜或收账。那时丈夫帮助料理家里的生意和母亲的丧事，在我心中，变成了紧密联系在一起的回忆。

1959 年 4 月 17 日，在位于信浓町的庆应医院，我顺利产下长女。我患有先天性左股关节症，所以怀孕六个月时就决定了做剖宫产。我临盆前一天，不破还在彻夜撰写论文《现代托洛茨基批判》。他虽然在孩子出生前赶到了医院，但据说在医院楼道里等候期间睡着了，直到听到孩子的哭声才醒来。孩子的名字是在出生前就由我跟丈夫二人决定好的：若是女孩子，就从我母亲的名字“千代”和我的名字“七加子”中各取一个字，叫“千加子”；若是男孩儿，就根据不破哲三的名字起名，叫“哲太郎”或谐音叫“铁太郎”。

孩子一出生，之前生活的六叠的屋子也变窄了。总之，放下一个婴儿床，我们夫妻能够使用的空间，就剩下小床四周的コ字形部分了。并且，不破买来的书，年年以迅猛的势头在增加，一家三口在一间六叠的屋子里居住，已经达到极限。

长女千加子不满一岁时，在杉并区西荻窪的公寓（30岁，1959年）

刚好在这个时候，同住在一个公寓的朋友约我说："很快要建成一个名叫飞雀丘团地的时尚住宅小区，似乎特别好。咱们一起去申请看看？"那个朋友体贴入微地帮着把我们的材料也提交了。在抽签中幸运地中选，于是我们一家三口决定搬到飞雀丘小区去。从这时起，又翻开了我们生活新的一页。

飞雀丘团地

“飞雀丘团地”是1959年4月建成的新式集体住宅小区。横跨西武池袋线、新宿线沿线的田无町、保谷町（后各自变更为市，现合并成为西东京市）、久留米町（现：东久留米市）这三个镇，是所谓的“超大型住宅区”的先锋。当时是由日本住宅公团建造的最大的公营集体住宅。

与从前的日本式集体住宅不同，新式住宅小区“团地”建筑在设计上有意模仿了美国式的现代生活，采用钢筋水泥结构。在厨房餐厅里摆放椅子和桌子的生活模式，引领了时代新潮，成为热议的话题，以至于产生了“团地族”这个新词。1960年，当时的皇太子和太子妃曾去访问视察，那时的场面还成为新闻被报道，是一个多少受到关注的地方。

1960年2月，我们在第二次招募中搬去了飞雀丘团地。在第二次招募中，总共2 714套房子基本上都被住满了。房间的格局，大约整体的一半是2DK[①]，1DK有450户，3DK有900户。根据1960年3月的数字，飞雀丘小区的居民，67.7%为年龄段在30多岁的男性，66.7%为年龄段在20多岁的女性。也就是说，年轻人占到绝大多数。

另外一点，我也是住进小区后才得知并为之惊讶，那些在工厂劳动的普通工人仅为入住总人数的9.7%，而白领占了总数的67.7%。我想，这首先是因为“团地”给人的印象是美式集体住宅，其次也因为对平民百姓来说，这里的房租设定得比较高。有规定“收入不足房租5.5倍者不能入住”。我丈夫的工资没有达到规定的要求，但我们自己做了一份证明，说“随着今后工资提高，不久将达到这个标准”，于是通过了审查。

住户的另一个特点，是公务员和小学、初中、高中以及大学教师非常多。我们家在171号楼407房间，是4层。两户共用一个楼梯，每层共有8户人家。我们的

① 2DK：日本房子格局的表示方法，指两间卧室+餐厅+厨房。D指餐厅，K指厨房。

一层住着小学老师，二层住着明治大学的教授。

新居是2DK，餐厅是六叠，和室是六叠和四叠半。这已经让我们感到相当宽敞了。自从父亲被征兵、家里不再做紫菜店生意后，我和家人一直以来就在狭小的房间里挤来挤去地生活。我和不破婚后的新房，最先也是公公的书斋。并且是个没有壁柜的四叠半的房间，放了书柜和被褥后几乎就没有人可以待的地方了。之后的生活也是住一间屋子的时间多，所以身体能够不用贴着墙壁或是家具的状态睡觉，真是久违了。最初的一段时间空空荡荡的，反倒是感觉不踏实。厕所是冲水的，旁边还安装有浴缸。我高兴极了，一遍一遍地在房间里走来走去。渐渐地，两侧的墙壁都被书柜占用，最终，又变成衣服之类的都只能放到餐厅里去的状态。

入住时，刚好电动洗衣机开始普及，之后是电饭煲。到电冰箱随处可见时，还需要一些时间。没有电视的家庭更多。电话进入普通家庭，也是又过了一段时间的事情，我在莺谷的娘家装电话更早些，所以有急事时，我都是到娘家去借用电话。从保留着的一封不破的信中可以知道当时的样子。那是我从娘家给长期出差在外的不破打了电话的第二天，他用快递寄来的信。

正如你在电话中预告的那样，第二天早上，一睁眼，你的信就寄到了。通过电话能听到你的声音，又收到了有些日子没见到的信，最近掀起一股七加子热潮。你和千加子的生活，字里行间仿佛砰然跳出来似的，我反复读了很多遍。“孤寂”的工会组织生活，突然变得生动起来。谢谢你。

你说千加子开始能走两三步了？总之，这是个大新闻。就是说，17号，生日那天，她会蹒跚走路了。千加子，万岁！

真正当上父亲是很奇妙的一件事。近些时来，在旅途中，与其说在意女孩子或妇女们，准确地说应该是，无论到哪里，眼睛总是落到带着婴儿的人身上。看见什么，都会联想到千加子。真不可思议。过了30岁，切身感受到：我真正的为人父了啊！

（1960年4月16日。摘自建二郎为组织工会的春斗运动，去关西、中国地区[①]出差时写的信。）

① 中国地区是日本的地域之一，位于本州岛西部。

充满活力的地区活动

团地的生活有种种崭新的、舒适的地方，同时也不乏亟待改善的部分。

首先，车站非常远。离得最近的车站是西武新宿线的田无站和西武池袋线的飞雀丘站，无论到哪个车站，距离都不近。并且，因为年轻夫妇较多，所以过两三年，人口就会不断增加。于是，如“加开巴士”“新设小学”等，问题就一个接一个地出现了。

社会正处在1960年反对修改安保法案的高潮中，小区居民里，也有很多人参加了国会游行。游行回来的人经常在附近的小学召开情况通报会。汇报完国会和斗争的情况之后，就有人说“有志者请留下来”。于是，以留下来的人们的集会为基础，不久便成立了“飞雀丘保卫民主主义之会”。小区住民以二三十岁的人居多，大家都精力充沛。

为改善小区生活环境、加强小区内交流而发起的联谊会，到1961年正式被组织成了“公团自治会协议会”。在自治会的组建和规则制定过程中，不破也协助做了很多工作。

集结到这里的人把各自的能量分散到地区的四面八方，再从那里拓展各种地区运动。比如修建保育园运动、保护儿童免患小儿麻痹的协会、反对西武线车票涨价运动、反对小区提高租金运动。为真实体现居民的活力，大家发起了范围广泛、内容丰富的运动。

在飞雀丘小区运动会上，担任主持人（20 世纪 60 年代前半期）

我成为飞雀丘小区自治会委员，担任教宣部长和副会长。在自治会活动中，我做了许多事情。比如“宝贝大赛”。很多家庭都有婴儿降生，所以我们以婴儿为中心策划联谊活动，例如“宝贝爬行大赛”、对比孩子和父母相似度的“比比谁更像奖”等。我们请进驻小区的商家捐出奶粉罐，用来做奖品。为了尽量不花钱就能办成事，颇费了些脑筋。

夏季的烟火大会上，有一个记忆深刻的事件。白天我四处宣传时说“先到的50人赠送线香小礼花”。结果到傍晚，居然聚集了上千人。我当时想，这下可难办了。就在这节骨眼儿上，消防署的人来了，说我们“没有拉警戒线确保用火安全，所以不允许搞烟火大会”，这下倒是帮了我的忙。后来我去浅草桥的烟花店，又新买来些更大的烟花，在消防署的配合下，拉上警戒线，重新搞了一次烟火大会。

暑假期间，我们还在集会所后面的广场上，给孩子们放映幻灯片和电影，这些事情也还留在我的记忆中。

在地区交流中，我们常常举办衣物义卖市场。儿童袜之类的，一捆大约卖10日元。我经常逛这个市场，还闹过一个笑话。我们小区住着一对双职工夫妇，两人都在岩波书店上班。那家人曾经出售过一件绅士用驼色短大衣，我用50日元买了回来。有一次，那家太太告诉我：“我家先生对我说呢，‘我跟上田家先生迎面走过，看见他穿着我的短大衣呢’。”

自治会还做了很多交涉性的工作。比如，申请修建保育所的许可和资助、要求新建小学等。每项交涉中，都是“团地族”更占理。也不管是宪法还是什么别的条例，我们全都引经据典地拿来佐证，一律主张“这是居民的权利”，在这之前，从未有人提出过类似的要求，所以镇政府的人似乎略处于被动状态。

我记得发生过机器用油混入小区下水道里的事件。为大约 2 700 户人家提供用水保障的储水罐里，由于从水源引水的机器上涂抹的机油流进了水里，于是在饮用水表面形成了一层油。刚开始时大家都没有注意，后来有些敏感的人开始闹肚子，大家这才感觉奇怪，提出疑问。我也去了厚生省，委托调查检测水质等，终于找到了原因。这件事闹得动静很大，以致出动了供水车。

此外，“活疫苗斗争”也让我难忘。大概是 1960 年时，小儿麻痹症四处流行，仅这一年就有 5 600 多人感染此病，造成 300 多人死亡。第二年又流行此病，势头直逼前一年。当时日本还没有大量生产免疫功能更好的活疫苗，于是全国的妈妈为了要求进口活疫苗而纷纷涌到厚生省，发生了一场骚动事件。

飞雀丘小区的婴儿多，于是保育会、保卫民主主义之会、市民会议三个团体联合召开集会，呼吁“保护孩子，远离小儿麻痹症”，运动声势浩大。我在与活疫苗斗争相关的活动中，多次给自治会发行的报纸《广场》写过稿子。

仿佛是受到这些运动的推进，1961 年 1 月厚生省也终于正式准允紧急进口活疫苗。母亲们的抗议，推动了国家决策，终于进入了一个能实现“大家齐心协力就能有所成就”的时代。

妇女运动与PTA[①]

孩子上小学后，我稍微有了点儿空闲，就开始想在妇女运动或工人运动领域更积极地做些事情。虽然我没有正式工作，但在 1962 年成立的“新日本妇女之会”中，我担任了田无町、保谷町、久留米町三个镇的联合

① PTA：家长—教师联谊会。

支部长；不久开始按照各行政区成立支部，于是我又担任了久留米支部长和三多摩总支部常任委员。

“新日本妇女之会”主要有几项主体性活动，包括“从核战争的危险中保护妇女和儿童的生命；反对宪法改恶、阻止军国主义复活；为提高生活、保障妇女权利和儿童幸福而联合力量；争取日本的独立与民主主义、争取妇女解放”等。在飞雀丘小区成立的“新妇女之班”举办了让大家都能轻松快乐地参与的活动。比如化妆讲习会、制作皮革胸针的手工艺教室、文学读书会、亲子读书会、科学社会主义学习会、绘画小组、体操小组。丰富多彩的学习会和各种小组一旦在小区内成立，立即就有许多人纷纷表示兴趣，前来报名参加。绘画小组中，还涌现了日后去参加“独立艺术家沙龙展”、举办个人作品展览会的人。

我在社会科学研究会，重新学习了马克思、恩格斯的经典著作。这个学习会，出乎意料地受到好评。30多岁的主妇特别多，大家都很认真，学习热情非常高。学习会两周开一次，指定好当班的辅导老师，发表研究成果，也展开讨论。我因为另外还有很多活动，所以两周轮一次做辅导员感觉格外吃力，但出于我的身份立场，也不能偷工减料，所以我很努力。

学习列宁的《帝国主义论》时，还有人问我："这里说的帝国主义是什么？"随着不断学习，这些人有了变化，甚至开始向我提议说："咱们下次学《资本论》吧！"

担任三镇联合支部长时，我组织了一个"新妇女支部节"。各学习班分别编排表演节目、准备些食物。飞雀丘班由我和同门洞儿的大学教授夫人表演过对口相声；还随着儿歌"玩具恰恰恰"的节奏，跟孩子们一起表演过舞蹈。

还有比这些更难忘的回忆。小区里经常有个摊主来卖炖杂烩，我们去找他，请他节日那天来会场出摊儿，但对方说："那天我没有时间，但我会把炖杂烩的材料全部准备好，剩下的事儿，太太您自己来做吧。"于是，星期天一大早，我们就去拉着店主替我们准备好的车摊，走了三公里多的路，从小区走到了会场所在的东伏见稻荷神社的公会堂。路上，我们也没摇铃铛叫卖，却被好几个人招呼道："卖炖杂烩的！"而我们只能狠心回绝："对不起，这个是不卖的。"尽管只是一次经历，但之后每每看见炖杂烩的车摊，都会想："那么重的东西，真不知怎么拉动的。"

另外，在召开整个三多摩地区的新妇女学校时，我也就"学习妇女的历史"做过报告。为准备这次讲座，我认真阅读了恩格斯的《家庭、私有制和国家的起源》。

当然，也不尽是愉快的事情。在三多摩的会议上，大家商讨如何推进妇女运动时，只有我的意见与周围其他人不同。在这之前，包括在共产党的事务所工作时，我曾经几度品尝了在集体中处于一时"孤立"的滋味。但是我认为，对于任何事情，有多种不同意见和想法理所当然，特别是关于运动的推进办法，在经过大家商量、最终达成一致意见为止，每一个人都应该充分阐述自己的主张。

我答应负责PTA的活动，也与我的这种想法有关。长女上的学校叫作久留米第五小学校，是一所刚建成两年的学校。我曾向这里的PTA发行的机关刊物《榉树》暑期专题栏目投过稿，这成为机缘。

因为这是一所新建的学校，以学校赞助费名目，学生家长出了相当多的钱。通常情况下，保健费、图书费、校餐费、图画手工费、地区会费、习题费、学习用品费等，对父母来说每一项都需要花钱。不仅如此，虽说是公立学校，但在这之外还要附加所谓的赞助费。我想，恐怕对此感到不满的父母也挺多，但没有人公开进行过反对。

这时，我在PTA总会上明确表示“我不能赞成以赞助费等形式进行捐款”。我说，学校所需资金应该由公费负担，依靠PTA的自有经费来支撑是不正常的。于是我被人背地里恶语中伤：“因为那个人是‘赤’”；但相反，也聚集到赞成的声音：“你说得好，就是这么回事”“我也是这么想的，只是想说没说出来”，等等。最终，久留米教育委员会讨论的结果，自然不可能认可“指望PTA的自有经费”，从而通过了我“反对捐款”的意见。

于是，包括老师在内的一部分人来委托我：“上田女士，请你做PTA的干事。”考虑到我是倡言者本人，所以无法拒绝。既然答应了，就必须调查久留米町的教育相关收支详情，也必须具备关于东京都和国家预算的知识。最终，由于参与了PTA的活动，我不得不从头学习教育相关的预算情况。直到我们离开小区为止，我一直担任这项工作。

自治会、妇女运动、PTA，各处的活动让我四处奔走忙碌，每次刻蜡版出报纸都是我自己做，连我也认为自己真是够活跃的。几乎每天都有会议，且集会基本都在晚上召开。我不能把孩子一个人放在家里外出，所以就把她托付给小区的邻居，“请帮我照看一下女儿”，然后出门。

等到孩子稍微大一些，我有时会让她一个人看家。但孩子会寂寞，所以她似乎也想过好多办法。在小衣柜前面垒起一些东西，垫着爬上去，拿起放在柜子上面的电话——那个时期已经普及了——给他父亲的工作地点打电话，或是给她奶奶和外公打电话，发出可怜兮兮的声音说：“我现在就一个人。”“我看电视呢。”

渐渐地，邻居们和小区内居住的党员都知道“那家挺困难的”，于是或做好便当给孩子拿来，或让我把孩子寄托在他们家里。我们真是受到周围人相当多的关照，内心特别感激大家对我们的帮助。那个年代，街坊四邻间的交往非常密切，是现在无法相比的。

尽管我如此忙碌，但作为个人来讲，这个时期，我是没有收入的。我也曾经为自己没有经济能力而感到屈辱。因为原本我认为，女性的自立包含经济上的自立，靠丈夫养活这种想法，根本就不符合我的本性。听我这样讲，不破说："谁挣回来的钱不是问题。我的工资是作为夫妻两人的收入，所以你不用那么在意。"后来我也想开了，就全力以赴去做那些自己参与的工作。虽然这些工作与共产党的地区事务所的工作以及地区劳联的工作属于完全不同的领域，但凡事只要干起来，都有新发现，都能与新的一批人建立联系，我认为也很有乐趣。

小镇上的选举战

虽然不是专职，但我还继续做着基层共产党的工作。

有一次，说是要把出马参加久留米镇议员选举的候选人从一人增加到两人，决定从小区的党员里推荐人选，我担任了那次选举活动的负责人。因为是小镇上的镇议员选举，所以规模很微小，但真正做起来远比想象的困难。

制作宣传候选人品性和政策的材料，安排竞选车辆的运行负责人、司机和送餐人，每天分析形势并规划竞选车每天的巡回路线，制定发送宣传单等应对措施，筹措活动所需经费，等等，我唯恐有疏漏，所以从早到晚都在处理紧急事务和为第二天做准备。转眼就到了投票日，结果是顺利当选，我松了口气。方方面面地考虑选举相关事项，这对我来说是头一回，我认为这是一次宝贵的经历。

我还去旁听过久留米的镇议会。在我去之前，似乎已经有许多年没有任何人去旁听过。当我申请旁听时，办事人员找出一个已经变得发黄的旧本子。申请人要填写姓名，但翻开本子一看，上面没有任何记录。我的名字写在了第一行。旁听议会这件事，现在已经是寻常事了，但那个时候还非同一般。就是那样的场所，我把孩子托付给邻居，也独自一人无所畏惧地前往了。

因为我过于东奔西走地忙碌着，所以当不破决定首次参加大选时，据说小区里还有人以为是我要出马呢。

总而言之吧，从 30 岁入住小区，到 40 岁丈夫为出马参加众议院选举而离开小区为止，我整个 30 岁的年龄段，都全身心地投入地区基层活动中了。

第五章

从平民区进入政治的世界

要求丈夫出马

当我正在飞雀丘团地奔波于基层活动和妇女运动的时候，我丈夫的工作迎来了转型期。

丈夫一边在钢铁劳联任职，用笔名“不破哲三”发表理论研究论文，一边大约从 1962 年夏季起，成为共产党总部新设的政治研究室非常勤成员，开始帮助做党的理论政策工作。到 1964 年，他辞去了担任 11 年的钢铁劳联职务，转到共产党总部，与他哥哥上田耕一郎一起，正式参加了党的政策委员会。这成为日后发生在不破身上的种种变化的重大节点性事件。

共产党在解决了前文我讲到的“五〇年问题”造

成的党内分裂后，从1955年左右开始逐步走向统一。“五〇年问题”是由于苏联等外国政党干涉引发的，因此，在1961年召开的第八次党大会上，首先确立了“自主独立”这一党的基本立场，即无论哪个大国的政党，也绝不能干涉别国的政党，并确立了活动战略方针，即打破对美从属关系，以政治、经济的民主改革为轴心实行“民主主义革命”。这样，党舍弃旧壳，迎来了争取更大发展的新时期。也正在这时，不破成了全职的活动家。

在钢铁劳联时代，不破几乎没有像样地休息过，带薪假也基本都保留下来了。总部的工作一旦开始，等待他的将是更加繁忙的日子。于是，就在调换工作之前，利用积攒了几十天的带薪假中的三天，我们一家三口去伊豆旅行了一趟。这次旅行是在2月底，出发时天上飘着雪花。我们先后投宿在伊豆的修善寺略靠内地的吉奈、下田两处，回程还顺道去了小田原城。难得悠闲地享受了一番全家团圆的滋味，这成为美好的回想留在记忆中。

不破到党总部后马上面对的是与苏联的论战。双方矛盾虽然还没有浮上表面，但因为日本共产党不赞同苏联的国际政策，所以在内部已经受到强大的压力和攻击。一个月后的4月份，寄来一封正面指责日本的党的信件，不久又开始在党内培养亲苏派，让他们举旗发声。在这样的形势下，与苏联论争成为一大任务，不破接连写了多篇相关论文。因为不是个人作品，而是代表党发表的文章，所以必须提交给很多人审读。他说自己的字很难看懂，所以许多时候是他在一边写，我在一旁替他誊抄。

另外，不破不只是坐在桌前写论文，还有很多比如在苏联论争问题的学习会上讲话之类的机会。正如他本人承认的那样，不破“天生不擅长在人前讲话”。我听他自己说，他刚入党、还在一高上学时，曾经在宿舍的总代会上就结盟休课（学生们为了让校方通过他们的要求，结成联盟共同罢课）做提案说明，当时光咽口水、发不出声。还听说，他入党后第一次做街头演说时，“像是要从清水寺的舞台[①]往下跳似的紧张”。之后，在大学

---

① 京都清水寺的舞台设在高耸的峭壁上。

时代和工会时代，他也有过一些场合在人前讲话，但还从未有机会代表党上讲台做演讲。

老实讲，我提心吊胆地担心不破能不能在人前像样地讲话，所以去听了他的第一场演讲会。地点在位于立川的一个老旧的公民馆。虽然现在这里焕然一新、干净漂亮，但当时是一个年头久远的建筑，厕所也还是淘粪式的，四周都弥漫着粪便的臭气。不破该不会失败吧？我坐在会场最后一排座位上听着，紧张得心脏怦怦地跳个不停。直到听到他口齿伶俐、逻辑清晰地演讲，我悬着的心才终于落了地。

两年后，即1966年，时任党中央书记长的宫本显治先生为团长，日共九人代表团对越南、中国、朝鲜进行了长达两个月的访问。不破也被选为团员之一，实现了第一次出访外国。这次访问的目的是，团结国际上的力量、反对越南战争。

当时，日本与这三个国家之间没有正式通航，旅行是从乘坐中国货船到上海登陆开始的。日本与这些国家之间也没有互通国际电话，所以旅途中的两个月，对于不破在什么地方、在做什么，我完全处于不读《赤旗报》就一概不知的状态。

那个时候，在越南，美国的空袭已经扩大到北部地区。不破说他还到了北部轰炸的最前线，听高射炮阵地的士兵介绍情况、与女民兵交流。那次他还见到了胡志明主席。

在中国，1966年3月，正是“文革”前夕。在国际团结的问题上，对于建立包括苏联在内的统一战线，中国方面始终与日本代表团意见不一致。最终发展成两党关系恶化，党际交往中断。这种中断状态持续到1998年，整整32年。

就在短短数年前，我丈夫还在一个叫作钢铁劳联的工会做文书，现在摇身一变与党中央书记长一起出访外国，并与那些国家的领导人会面、见证历史瞬间，我感觉真是弹指之间发生了巨大变化！

然而之后，还有更加令我始料未及的事情等着我呢。那是1968年，不破与宫本显治先生一起第二次访问朝鲜时的事情。在平壤的迎宾馆庭院里散步时，突然，宫本先生对不破说：“下次选举，打算让你出马。”当我从回国后的丈夫口中听说这件事时，着实惊讶不已：共产党领导人到底都想些什么呢?!

到那时为止，哪怕是一瞬间的闪念，我也没有想象过丈夫会就任国会议员之类的职务。相反，我倒是认为他的性格不适合那个领域的工作。就连不破本人，也因为从没动过当国会议员的念头，所以他也认为摊上大事儿了，似乎相当困惑。尽管如此，既然是党判断有必要，所以也只有硬着头皮迎难而上。不破最终做出决断，我也尊重了丈夫的意见。

当时的选举制度实行的是中选举区制，东京六区中，江东区、墨田区、荒川区这三个选区的规定当选人数是 4 人。因为要从这里参选，所以我们告别居住了 10 年的团地生活，搬到位于墨田区的“押上”这个地方。那是 1969 年 3 月，不破 39 岁、我 40 岁、女儿即将升入小学四年级那年的春天。

重回平民区

墨田区押上地区是一个处在海拔零米地带的、典型的东京平民区。在当时的东京都，这里被说成是住宅最密集的地带。

我们没有钱买房，所以只能暂时租房住。那是一个木结构、灰浆建造的独栋小楼，上下两层，每层有两个房间。在新式小区时使用的冲水式厕所，现在又退回淘粪式。家里没有浴缸。到深更半夜时，老鼠开始在屋顶上开运动会。如果晚上想上厕所，有可能会在房间的角落里与老鼠相遇，老鼠惊慌逃窜，我也大惊失色。

我们家处于海拔零米地带，为了防止下大雨时积水，需要用水泵把水抽上来，排进河里去。但我们刚搬去时，水泵的抽水功能不够强，所以只要一下雨，转眼间道路就积满水，如果这时打开房门，路上的水立马就会涌进家里来。

各户人家之间离得很近。当时还没有铝制窗户，玻璃是镶嵌在细木框里的。隔壁家的机器一转动，我们家就咔嗒咔嗒摇晃，窗棂也哗啦哗啦地震动。就在这个与摩登的团地相比，环境有天壤之别的地方，我们开始了新生活。

我原本就是在御徒町地区长大的市井小民的孩子，所以很熟悉平民区的生活。然而虽说同是平民区，但押上地区在隅田川的对岸，所以在这里既没有血缘、地缘、熟人关系，也没有其他任何关联。对于选举而言，这种情况非常不利。

而且，不破还是新人，又是无名小辈。尽管在一部分党员中，他作为理论家已经开始被人知晓，但知晓的程度似乎也不过就是“在《赤旗》上写又长又难懂的论文的人”这种印象而已。不破在各个方面，几乎都是从零开始。就在这样的情形下，启动了首次选举战。

江东区有个从江户时代延续下来的神社，叫作“富冈八幡宫”。神社后面建有一个很小的公民馆。樱花开花的季节，我们和选举后援会的一百来个干事，聚集到那个公民馆，兼有从前任候选人手中接收地盘的意思，跟大家第一次见了面。

聚会结束时，一定要唱“南葛劳动者之歌”。在这个地区，南葛工会从战前的20世纪20年代起一直就在开展活动，是一个很有战斗力的工会，歌词写得也振奋人心：

> 啊，革命已经临近，资本主义即将灭亡，我们南葛的同志……

唱起这首歌，我们夫妇二人强烈地感受到了保留在这个地区的、从战前延续下来的气息。

这里原本是自民党和保守派势力强大的地区，经历了很长一段时间，共产党千辛万苦终于才把得票数从千位数增加到万位数。不破的前任最后一次选举是在两年前，即1967年，当时排序是次、再次、再再次位，也就是离当选差了三位。即便这样，得票数还是增加到了30 993张票，但当选必须获得5万票，因此还差2万票。

我家附近有一条叫“十间桥路”的大路，不远处，还有一条现在被叫作“灿灿橘商店街”的热闹商业街。刚开始去购物时也没太在意，我会想：今天的晚饭，就我跟孩子两个人，所以买5串烤鸡肉就够了。然而，这里是平民区，所以消息传得特别快。在我后面来买东西的人会小声说：“哎呀，那个人，是共产党不破先生的太太哦！”等我下次再去买东西时，店里人就会打招呼说：“听说您是不破先生的太太？”这样一来，要买的鸡肉串也就从5串变成了10串。我一家商店一家商店地走，买东西顺便闲谈几句，逐渐跟大家熟悉起来。仅在那条商店街上，就有三家鸡肉店。所以，我也渐渐地开始有计划地买东西了：今天去了那家，所以下次该去别的店了。

在这条商店街上，我记忆特别深刻的，是一个陶瓷店的老婆婆。她极其讨厌共产党，哪怕我跟她打招呼，她也会忽地扭头走进里屋去，拉上拉门。即便这样，我每次去那家店，都频频地跟她打招呼问候："奶奶，身体好吗？"他儿子儿媳不在家，老奶奶一个人看店时，我也尽量过去跟她拉拉话，买些东西。一来二去，慢慢地，老奶奶的态度发生了变化。

不久，在我为了竞选宣传走到商店街时，那个老奶奶还出来跟我招手。老奶奶第一次走到店铺外面来时，我也很激动，情不自禁地跑过去说出了一席话："奶奶，谢谢您！保重身体啊！"每当我看到现在还在使用的、从那家商店买来的盘子，都会想起这些事，它们仿佛就发生在昨天。就这样，我们慢慢地有了一些伙伴。

为了让选区内的人知道不破，我也应邀参加过几次小型集会，回答大家关于"不破先生是个什么样的人"等一些提问。聚集来的都是些平民区里的叔叔、阿姨、爷爷、奶奶，所以会飞来一些很直接的问题："不破先生喜欢什么料理？”“他在家里是什么样子？”于是我就回答说：“我做什么饭菜，我丈夫从来都没抱怨过。铺床、收拾被褥他都主动做。”

移居墨田区后，在附近的商店街购物（1978 年）

于是，几天后，一位男性党员对不破发牢骚说：“我家孩儿他妈说我了，‘你总说你忙、忙，跟你一样忙的不破先生，连铺床、收拾被褥都帮着做呢，你也要做啊！’所以啊，这种事儿你太太说多了，我的日子可就难过了！”我从没想过我的话会产生这种效应，所以也深感在人前说话之不易。

在亲近这片土地的同时，为了做参考，我也去旁听其他政党的集会。于是发现，候选人的夫人对自己的丈夫赞不绝口："他非常好，非常优秀。"这样夸的人着实很多。有时还有人哭诉："请把我丈夫变成一个真正的男人！"我在我们的小集会时还戏弄过这事儿："那个人，不是男人吗？"依着我的性格，一味地夸奖丈夫的事，我是做不来的。我不撒谎，什么事情都实事求是地讲。"自然体"，这是不破喜欢的一句话，我也以自然体的态度、按照我的风格，只讲真实的事情。

选举开始后，碰到了种种问题。例如，"不破"①（Fuwa）这个名字，从竞选车里就很难连续呼喊。如果连着说，就变成"FuwaFuwa"，显得没有力气。因为我丈夫从未设想过参加选举，所以也没有事先起个别名。

现在回头看起来像是笑话一样，但当时负责选举工作的人却是认真的。于是决定把重音放在"Wa"和后面的"哲三"（Tetsuzo）的读音上，进行了一番琢磨。这

① 不破哲三，日语读音为"Fuwa Tetsuzo"。

次又让我大大感慨了一通：人生在世，世事难料！

初次当选的壮举

临近选举公示时，1969 年 12 月，召开了一次“勉励不破之会”的大型集会。因为在东京六区里没有大规模的会场，所以只能跨过隅田川，到台东区租了一个体育馆。位置就紧挨着现在车辆已经不能通行的樱桥，在烟火大会的发射场旁边。会场周边插了 300 面小旗帜，黄底红字写着“不破哲三”。当时，担任书记长的宫本显治先生来声援助威，对我说：“这样的旗子也很有意思啊！”我回答：“这里是平民区，所以大家都喜欢这种喜庆的东西。”现在随处可见的“桃太郎旗”①，我想应该是这个时候最先使用的。

当时，选举活动时间比现在长，大约持续三个星期。选举一开始，媒体就会一次次发布预测结果的报道。对不破的评价，一周一个变化。刚开始时，几乎是在报道最后部分的“其他大势”一栏里，带上一笔“共

① 桃太郎旗，日本旗子的一种，是长方形的直立旗。

产党不破哲三参选”，全然不受关注。然而到了中盘，就被写成“在中小企业主和年轻劳动者中有人气”了。等到最后阶段，则变成了“台风眼”“正在接近当选圈”。通过这些报道的变化也能读出，支持者和党员的辅选活动，一天比一天加大了力度。

坐着竞选车在街道上巡回，我开始注意到很多现象。对我们表示公开支持的人会站到自家门前来，冲着我们挥手。不过，也经常碰到一些人家，他们只把窗户打开一点点、悄悄把手伸出来，但等我们走过他家门前时，又把手缩回去、把窗户关上。我意识到，这是在向我们表达一种暗示：我们不愿让街坊四邻知道我们支持共产党，但我们是支持的。明白其中奥妙后，一看到从窗户伸出手来，我就立马使劲挥手，回报一个信息：“我明白了！谢谢！”

最后，终于迎来了第一次投票日。开票的结果是不破当选，超过了上次排名第四的社会党，位居第四名，得票率为14.4%，获得52 860张选票。与两年前的选举相比，这次的票数增加了2万多，将近翻了一倍，距共产党上一次在这里当选，时隔了20年。不用说，整个阵营都在喜悦中沸腾了。之后，到实行中选举区制的最后一次选举，即 1993 年的众议院选举为止，不破在东京六区连续九次当选。

初次当选，还是有特殊的感慨。当天夜里，我丈夫出席了电视台的一个又一个讨论节目，我则一处接一处地奔走于三个区的党地区委员会和大小后援会的集会。每一处，大家都亲自动手制作美食，互相称赞彼此的顽强拼搏，共享胜利的喜悦。只要我一露面，哪里都是热烈欢迎、致辞，然后刚想着“这下该品尝美食了”，就听到“太太，没有时间了”的声音，然后就被带离会场。也不知转了多少个会场、过了多长时间，到最后阶段，只能是到集会上露个面、寒暄一句，马上就奔向下一个会场！节奏就是这样快。但是，能与大家共有这份时隔 20 年取得胜利的喜悦，真是件高兴的事儿！不知什么时候开始，我忘记了吃饭，最后空着肚子、疲惫不堪地回了家。参加完电视节目回到家的丈夫，同样也没有吃晚饭。我以为他肯定会吃完饭回来的，所以家里也没准备饭菜。正好这时，听见了叫卖的喇叭声。这太幸运了！于是两个人飞奔着跑出家门。流动小摊儿上的拉面，成了我们庆祝初次当选的简单的晚宴。

对选举结果拧着脖子纳闷儿的，是那些镇议会委员，他们支持的保守阵营一直以来在这个地区根基牢固。从他们那儿传出了认为不可思议的声音：“不破在镇议会、地区业界，在哪儿都没有后门，也没有哪个团体力挺他，并且貌似也没有钱。他怎么就当选了呢？”

镇长也是保守阵营的支持者，但他是个很关照人的热心肠，在选举活动期间曾经跟我讲过：“第一次竞选也就是卖名的选举。”他事先就安慰我说，在保守的地盘上，共产党的新人，初次出马就想当选，想都别想。即使落选也不要泄气，只要能打出名声去，就是上上等的成绩了。

后来，直到我们离开这个选区为止，以这时的镇长为首，很多镇委员都转而全力支持不破。他们上了年纪以后，就在自家门前摆上椅子，坐在那里等着我们。所以，不破也好，我也好，一定要停下竞选车跟他们交流，这已经形成惯例。他们当中，越来越多的人去世了，但我们绝不会忘记他们满含深情的支持。

疾风怒涛的时代

大家每天克服困难、埋头做好眼前的事，终于丈夫当选了国会议员。初次当选后的第二年 2 月，有了“不破哲三事务所”，位置就在现在的“晴空树”脚下附近的一家帽子店的二层。虽说总算有了常设事务所，但办公室很窄，也就是一间六叠的屋子，外带厨房和厕所而已，以至于稍微放点儿东西就满满的了。

事务所开张的同一个月，新一届国会开始运转。不破在国会预算委员会的“总括提问”中，就当时人们热议的“公明党创价学会妨碍出版问题”进行了提问，结果认定公明党干扰了批评创价学会[①]的书籍出版。最终，创价学会只好道歉，并承诺政教分离，事情至此才告结束。不破的提问，“作为第一次提问来说，内容很好”，因而受到周围以及媒体的肯定。以此为开端，不破的国会活动不断地忙碌起来。

本以为意料之外的事情也就此打住了，却还有更

① 创价学会是日本规模最大的新兴宗教团体，源于日莲正宗，宗旨是推进和平、文化及教育，并创建了政党公明党。

困难的事态在前面等着呢。不破第一次在众议院当选是1969年，这也是共产党整体上从4个议席增加到14个议席、取得大进步的一年。第二年，亦即1970年，第一期国会结束，7月份召开的第十一次共产党代表大会，是取得大进步后的第一次党大会。整个社会都关注着共产党的动向。像是为了回应大家的关注，党决定把党大会从“非公开变成公开”形式，在很多方面采取了新的做法。

同时，党的人事体制也发生了巨大变化。之前一直采取的是“议长、书记长”体制，但这时发布消息称，新设一个“书记局长”职位，转变成“议长、委员长、书记局长”体制。日共中央议长和委员长仍按照从前的安排，由野坂参三议长继续担任议长、宫本显治书记长担任委员长。到此为止的人事，大家都认为没有悬念。问题是，新设的“书记局长”人选。

在新体制下，“委员长”为党的代表，“书记局”则负责从国会到选举、党组织活动这些日常党务。“书记局长”是日共中央书记局的负责人，所以应该是参与党的所有领域活动的顶层人物。

到底会由谁来担任首届书记局长？媒体报道对此表现出强烈的关心，社会上也是各种传闻沸沸扬扬。风传什么的都有，但不破的名字从没有被提到。尽管如此，却选出由不破担任书记局长。丈夫出马竞选议员这件事已经让我惊讶不已，而当选后第二年又上任这么重要的党内职位，更让我始料不及。

当选结果公布当天的傍晚我在家。“差不多到该决定人事的时候了。谁会当书记局长啊？”这样想着，打开了电视。当时，电视还不是遥控的，还要用手咔嚓咔嚓地旋转按钮切换频道。当我凑近电视，刚一按电源开关，眼前突然出现了不破的脸。“哎？为什么？”但无论我怎么换、换成哪个频道，屏幕上出现的都是不破的脸，我这才知道他被选为书记局长了。紧接着，我弟弟打来电话说：“这下可出大事儿了啊！”无论愿意与否，我确认了这是事实。据说在会场，宣布当选结果时，也响起了“哦！”的惊呼声。

不破说他自己也是在人事决定会议的头一天晚上，也就是大会闭幕的前一天晚上很晚的时间段，才被宫本先生告知：“明天，我要提名你啊。”他很吃惊。在这之前，虽然不破一直在政策委员会工作，也担任过工会副部长、《赤旗报》编委，但他刚开始时还是坚决推辞的，原因是“党整体工作的运营，我做不了”。他说，即便这样，周围的人都说“不足的地方，我们会帮助你的”，所以也不好逃避，这才答应了。

至于我个人，自从搬家到墨田区以后，作为飞雀丘时代工作的延续，我继续从事着妇女运动。我在居住的押上地区的“新日本妇女之会”做班长、担任过整个墨田区的副支部长。由于所处的立场，所以不仅是自己负责的班，我还必须出席周围几个班的会议。如果所有的会议都出席，一周起码要占用三天时间。加上要协助丈夫工作，或去小集会露个面，或四处巡回拜访问候，总之必须处理很多杂事。即使这样，我还是不想只做一个“国会议员的太太”，我想拥有一个属于自己的专业领域，独立从事妇女运动。那也是我很久以前就拥有的梦想。所以，我每天早上连洗脸的时间都没有，把孩子送出门后，一次做好能吃两三天的咖喱饭，就这样，我勉强能安排开时间。搬家过来以后，这种日子坚持了一年左右。

然而，到现在，丈夫要就任新设的书记局长。不破那个人，无论国会和党的活动多么繁忙，他也不会放弃作为他的立身之本的理论研究工作。对他来讲，没有文字的生活，简直无法想象。结果就是，他变成了同时要从事作为书记局长的“党的工作”、作为议员的“国会的工作”、从事活动不可缺少的深入挖掘种种社会和政治问题的“理论工作”。我们把这叫作“三位一体”。因为要同时推进这三项工作，且都不能偷工减料，因此有再多的时间也不够用。

即使这样，不破本人没有丝毫变化。当然，他对我没讲过什么“家务事儿别偷懒儿啊”“希望你辞掉活动来帮助我”，似乎连想也没想过。但如果这样下去，早晚两个人都得累倒。如果不明确、理智地做出分工，就不能彻底解决问题。

对于我个人拥有的、为把社会变得更好的革命而不惜一切的“终生不变的1%”，我不会动摇。但是考虑到活动领域分工，我经过一番苦思冥想后得出结论，“或许夫妇相互配合着工作是最好的出路”。于是我决定今后全力辅助丈夫工作。

在日本共产党主办的“赤旗节”的帐篷里（20 世纪 70 年代后期）

回过头来看，不破在 1964 年就已经成为党中央候补委员。从那时起到成为书记局长，走过了六年的历程。也就是说，在成为中央候补委员的时间点上，就已经开始承担部分党的责任了。按说或许应该在那时就意识到这一点并感到惊讶才对。

但是我一直忙于眼前的事情，所以根本顾不上设想“我丈夫成为公职人员”的可能性。我甚至感觉：“共产党可真忙啊！刚刚才当上专职人员，就又是让去外国，又是让参加众议院选举。”不破在众议院当选的第二年出任书记局长时，我在心里一边想着：“哎呀，真是各种事情接二连三地发生啊！”一边与丈夫一起拼命地接受现实、努力做好分内的事情。

40岁当上书记局长后，到成为议长、引退为止的36年时间，不破一直担任党的要职。但是与他作为党的代表工作过的36年时间相比，在到达那一步之前的6年，对我来说更艰巨，结婚时从没设想过的事情接踵而至，给我留下了强烈印象。

作为众议院议员，不破与18位历代首相展开过讨论，工作得到社会承认。那之前的6年时间，面对未知的事情掀起的一次又一次的风暴，我和丈夫手牵着手，竭尽青春和能量之极限，一路狂奔过来。真可谓我们“疾风怒涛的时代”。

上任不破的“家内业”[①]

我虽然下定决心转而辅助繁忙的不破，但等待我的工作，却多得远远超出预期。

---

① 日语中把自家妻子谦称作“家内”，即汉语中的“内人”。作者诙谐地把协助丈夫工作比作一个职业，称之为“家内业”。

从最初的选举开始，我们就逐渐地扩大了与当地居民的交流圈，支持我们的伙伴也增多了。刚开始那段时间，就连作自我介绍时，我也不知怎么称呼自己才好，所以分场合使用过“不破的妻子”“不破的孩儿他娘”“不破的家内业”，等等。通常应该称作“妻子”吧，但因为是在平民区里，所以“孩儿他娘”这个说法更亲切、容易沟通。所谓“家内”的意思就是“在家里”的内人，所以不是我很喜欢的词语。但选举区内，有很多夫妻二人经营的小型家庭工厂，于是我模仿着给自己的工作起了个容易联想的“家内业”的名称。

选区内只要有婚丧嫁娶的事情，办喜事的人家姑且不说，但丧事是一定要出席的。刚开始的时候，我经常和不破一起去参加。

然而，我丈夫在向遗属问候时却只有一句“唉，真是……”，便没有其他话可说了。我在后面催促他：“你得再说点儿什么呀！”他回复我：“想想家属的心情，哪儿还能说什么呀？”他的说法也在理，但也不能夫妻二人都“真是”“真是”的。无奈，最初的时候，我就代替不破说些安慰的话，如“请您节哀顺变……”之类的。

后来，毕竟年纪也到了五六十岁，经历的场次也多了，不破也逐渐开始加上几句符合各种场合的哀悼词了。

不破在任何时候都是冷静的。他几乎可以说从不发牢骚，不抱怨说忙之类的。这一点，从他十几岁到现在，一如既往没有改变。

选区的人问他“忙吧？”我丈夫不会说“忙”，而只说“还好”。要从女人的心情来讲，我甚至想呐喊：“太忙啦！”但因为丈夫是那样一种态度，所以我也只能说“跟大家一样啊”“还好吧”，渐渐地感觉那样忙是理所当然，或许这也是被丈夫同化的结果吧。

但实际情况是，就任书记局长后，不破的工作愈加忙碌起来。当上任书记局长后迎来的第一次国政选举，即 1971 年夏季的参议院选举中，甚至有媒体报道把不破的全国巡回演讲，称作“杀人时刻表”。

> “还年轻，让他多遭点儿罪”，被党的选举对策总部下了最后通牒的，是共产党的不破书记局长。当天往返的行程一个接一个，23 天当中，辗转了 18 个都、府、县。

比如，坐17号的夜行列车离开神户，18号早上7点进入电视台的演播室，从下午到晚上参加三个电视直播和录像节目。19号一早乘飞机进入高知县，立即去街头演说。就是这样的频率。他一方面代表党应对媒体，又因为他被认为在支持该党的年轻人中有明星般的人气，所以受到各地的争相邀请。

“还有正经吃饭的工夫吗？”甚至周围人会发出这样同情的声音。

这种安排过密的时刻表之后也持续着。从担任书记局长到下一届党大会为止的三年时间里，不破在全国47个都道府县巡回了一周，无论哪个县，至少都游说访问过一次。不仅如此，第二轮巡回也几乎要转遍了。

在全国各地东奔西走的丈夫不在家期间，去参加选区内他本人不能出席的集会等，也是我的工作。这种辅助性的工作对于政治家的妻子来说，我想多多少少都在做。我也用我自己的方法，去面对选区的工作。

共产党发行有一份周刊——《赤旗报》周日版。我曾经花费了几年时间，通过在我家附近买东西或交谈、逐渐地与邻里建立起友好关系，把这份报纸的读者增加了大约50户。这也是我做过的工作之一。

我感觉自己请人家订的报纸，不亲自送过去不好，所以每周，我都会一边买东西，顺道一边挨家挨户地把报纸送到各家各户去。因为一天送不完，所以总是要花掉两天时间。除去选举期间实在太忙，也请人帮忙送过报纸以外，直到我们搬家去位于向岛的党的宿舍为止，9年时间，每周从未间断过，都是我自己去送报。

所以，订了《赤旗报》的人家是做什么工作的、家里有些什么人，从家庭成员到跟我说话的对方的长相，至今都能十分清晰地回想起来。一出我们家门，正对面是一家玻璃店，它旁边是转动着机床的小型镇工厂，再往前是学校的老师家。继续顺着小路一直走，有蔬菜店、豆腐店、洗衣店、鱿鱼丝加工厂、卖酒的商店……闭上眼睛，我就会浮想起一幕幕让人怀念的街道景观。

刚好那个时期，漫画《手冢治虫[①]全集》开始发行。我丈夫和女儿，都是手冢的忠实粉丝，所以我要定期在

---

① 手冢治（1928—1989），笔名手冢治虫，日本漫画家、动画制作人，现代日本动画的创立者之一，代表作《铁臂阿童木》。

商店街的书店买书。那家书店，也是我每周都要去送《赤旗报》的人家。每次去，书店老板都会诙谐地激励我：“别看什么漫画了，多把精力花在政治上，让日本变得越来越好吧！”

9年期间，我每周都在跟大家说话，所以即使我们离开押上地区一二十年之后，那份感情的纽带也不曾断裂。在后来的选举中，我曾经由于身体不好没能去押上，不破自己去巡回拉票。那时，商店街的人看见我丈夫来了，反倒觉得不可思议。他回忆道：“我去了押上，在所有的人家都被人家说了：‘今天你太太，怎么了？’‘哎呀，不是你太太呀？’”不破也只能苦笑了。那里的人都具有典型的平民区的特点，开朗、人情味儿浓厚。

不过，说是平民区，也并不尽是欢声笑语、生机勃勃的一面。有关这片土地，有一段绝不能忘记的事情，在这里我无论如何想写下来。

不破的选区包括墨田区、荒川区、江东区，在战争中的1945年3月10日发生大空袭时，这里是受到轰炸严重的地带。神社、寺庙、公园等，只要是有一点儿空地的地方，都掩埋过空袭中烧死的人，遍地都修建有慰灵碑和地藏菩萨石像。此外还有关东大地震时被杀害的朝鲜人的慰灵碑，到处都记刻着战争以及对朝鲜进行殖民地统治的伤痕。

每到3月10日，我家附近的言问桥的栏杆上，就摆满了鲜花。在樱桥的桥下要举办慰灵节，我和不破一起也去放河灯。每次我们触碰这些历史的伤痕、参加慰灵祭奠时，都会在心里坚定地发誓：无论再过多少年，绝不能忘记这些事！绝不能再发生这样的事！

形形色色的选举

在我的工作中，消耗体力和脑力最多的，无论怎么说都应该是选举活动吧。实际上，在不破参加的第二次选举中，发生了一件让支持者惊讶的事情。宫本委员长来到“勉励不破哲三之会”，讲了以下的宗旨：“不破君出于他的职务需要，必须去全国各地进行声援。他留在本地选区的时间不太多，所以本地的选举，一定要请本地的各位同仁齐心合力来搞好。”

参加“勉励会”的人困惑了。候选人不留在当地的选举，闻所未闻，难以想象。但是，千辛万苦时隔20年才获得的党的议席，不能再丢失。于是大家商量：“既然这样，也没有别的办法了。相关人员每一个人都把自己当成不破去做每一件事吧！”因此大家更加团结了。

我自己也每天四处奔走拉票，把皮鞋的鞋底都磨出了洞。先是由区议员带着我，挨家挨户地去拜访商店街的支持者。基本上人家都会沏茶接待我们。如果碰都不碰一下，我感觉对不住人家，于是就把茶都喝下。这样一来，下一家、再下一家，所到之处都请我们喝茶。最后总是喝得一肚子茶，喝成个茶饱，肚子难受得不行。

还有许多类似的笑话。比如，竞选车通过住宅区时，听说“不破先生来了”，支持不破的居民从家中跑出来。然而车上坐的却是把自己当成“不破”的“区议员”。于是跑出来的人也一脸沮丧，“把自己当成不破”的区议员也垂头丧气。

当然，我也坐着竞选车，去巡回拜访。在车上，我要从左侧车窗向上伸出左手挥动，跟居民们打招呼。但这个挥手的动作，我总是做得不好。每次选举的时候，车长（竞选车的负责人）都要指导我："太太，手是这样挥的啊！"

代替丈夫在竞选车上演讲（1980 年）

每到一处街头演说的地点，我就从车上下来，逐门逐户地到附近的人家去，事先跟人家打招呼："从现在开始我们要借用这个地方做街头演说。肯定会很吵的，请您多包涵！"趁着这个工夫，工作人员把选举管理委员会发的旗子和演讲台等准备好，然后我跑着上台，进行演讲。结束后，在收拾演讲台期间，我再挨家挨户去打招呼："吵扰您了。谢谢您！"然后跑着回到车里。

刚一回到座位上，车子就出发了，我马上又开始从车窗向外挥手。从早到晚，反反复复地就是这些动作。

通过大家这样一番努力合作，第二次选举，比第一次选举还高出 26 000 多票，达到 78 959 票，得票率为 21%。荣获了第一名当选的殊荣。这次选举，共产党总共获得 38 个议席，是取得大胜利的一年。

但是，也不总是一帆风顺。起初，我单纯地以为，选举这个东西，随着次数增加，支持者会像磐石一样稳固的。但现实绝非那样。它会根据各个时期的社会动向和政治局势，根据抑制共产党成长势力的攻击力量的强度、风向等而受到左右。在实行中选举区制期间，不破在东京六区连续当选九回，但第五次的时候，与后一名的得票数，就被追近到仅相差 4 000 票。

到了这个时期，我不仅辅助不破选举，还参加区议员选举、都议员选举、知事选举、参议院选举等各种选举的声援，大致情形也摸出些门道了。只要开车经过，通过气氛立刻就能感受到“这条路很温暖啊”“这个地区这次有点儿冷啊”之类的，头脑中会形成一幅地图。比如，到了这条路，角落的那户人家总是从屋子里面出来声援我们的；通常肯定张贴着宣传画的地方，这次没有贴啊？等等。如果有变化，我会很自然地看在眼里。逐渐地，与其说是“丈夫的辅助”，我更加能够把它作为自己的工作来对待，去观察事物、思考问题、提炼对策。

在漫长的选举活动中，我也曾经哭过。其中一次是不破的第八次众议院选举。与往常一样，我代替忙得马不停蹄的不破，来到街头演讲。

无论哪片土地，要融入其中，都需要一定的时间。我们居住的地方，一直是保守阵营的地盘。在自家旁边突然搬来一户异类的“共产党”，人们自然不可能马上接受我们。

并且，那个“异己分子”居然在第一次竞选中顺利当选，转眼间变成了国会议员。那时候，人们一般对国会议员的印象是，有钱人、不同于百姓的“先生”。于是在一部分人中就产生一些揣测：“都是那种人家了，晚饭才吃五串烤鸡肉串哦！”“看那家太太的劲头，肯定攒了一些钱，干着公寓经营什么的呢。”有人甚至给家里打来电话，也有一些流言蜚语在传播。另外，“被知道是‘赤’，家属亲戚都要受影响”，这种战前的强烈印象依然存在，因此起初的时候，居民们对我们的防备心很重。

然而到第八次选举时，我在家附近做街头演说，跟往常一样，我口中说着“今天谢谢大家！”，同时环顾四周的听众，竟然发现附近的邻居们都在我眼前凑齐了！每当我想起这一瞬间，即使现在，眼泪几乎还要夺眶而出。

那时我的感情瞬间迸发了，一下子说不出话来，不由自主地哭了起来，再也无法继续讲话。于是，看到我的眼泪的人，也开始抽泣。看到这种情景，更让我止不住地哭。辅选的工作人员在一旁催促我：“不破夫人，干吗呢？快点儿！”我却只能说“谢谢！”“拜托了！”。我从始至终哭个不停，终于只说出了这两句话。

再打扮漂亮点儿

我也按照自己的方式开动脑筋做选举区的工作，但是国会议员妻子这个角色，不管你愿意不愿意，仍旧不仅仅限于“孩儿他妈”“家内业”。

演讲会和共产党主办的集会等，各种大小集会，由我代替不破去参加、致辞的机会也越来越多。这个过程中，有一次，两个党支部对我提出了要求：“太太，请您再打扮一下自己吧。这是支部的决定。”

的确，当时的我，延续着住在团地时的衣着习惯，不太穿色彩鲜艳的服装，也不那么在意衣着打扮。那倒也不是因为我对时尚不感兴趣，一个重要原因是经济因素。

不破在钢铁劳联时代，不穿西装、不系领带也不要紧，但成为国会议员，就不能再那么随意了。所以，花在服装上的钱，按顺序是丈夫优先，然后是孩子，最后才是我。并且，我丈夫从我们认识的时候起，就没有对我的衣着和化妆提出过要求和意见。当然我并没有打算把责任推卸给别人的意思……

关于着装打扮，还发生过这样的事件。我与当时的宫本显治委员长的太太第一次见面时，她一看见我的脸，立刻从自己的手提包里拿出口红，涂在了我的嘴唇上。后来，她还送给我一块布料，胭脂色的底子，上面带着小白花，让我“用这块料子做件衬衫吧！”。

真正懂得时尚的人，即使不花费多少钱也能把自己打扮得漂漂亮亮，所以我认为拥有这种才能的人很了不起。但是当时的我，的确没有什么要打扮自己的意识。

那时还发生了一件事。我被邀请去参加东京都营住宅区的小集会时，男主人穿着黑色礼服出来了。我问："今天参加什么重要活动了吗？"对方回答："没有。不是听说不破先生的太太要来吗？"听他这么一讲，我不得不再次反省自己：不能说因为不是正式场合，就穿着随便地去，那样会很失礼。

自那以来，我自认为是按照自己的方式开始用心修饰打扮了。过了大约十年，宫本夫人看见我时说："这不是好了很多吗？你女儿长大了，也会对妈妈的着装提出很多要求了吧？"我们相视而笑。

不只是着装方面。由于丈夫的工作关系，我受邀出席一些有一定层次的场合的机会也增多了。为做到不失礼，应该接受的邀请，我一直尽量出席；但我也不想做那些不必要的勉为其难的事情。

在江东区内的妇女后援会“蒲公英之会”成立大会上
作者是这个“蒲公英之会”的命名者

里千家[1]第十五代传人千宗室先生（现在的玄室氏）很早就对不破抱有兴趣，1973 年，他们在杂志《经济界》上进行过对谈。对谈之后，里千家东京事务所来人，谈邀请我出席“初釜”[2]的事。但一来因为我腿不好，长时间正襟跪坐很痛苦；二来这之前我也没有出席过正式茶会。考虑到这些，我专程去了里千家东京事务所辞谢，因为事务所工作人员也是特意过来邀请我的。说是事务所，庭院和茶室也很气派。接待人员跟我讲：“挺难得

① 里千家，日本茶道流派之一。

② 初釜，年初第一次茶会仪式。

的机会，请您品一杯茶吧！”我答道：“我真不太懂这方面的礼仪，对不起了！”然后回家了。

那年元旦看电视，看见我们受到邀请的“初釜”仪式被报道了。我被出席嘉宾的绚丽多彩震惊了。既有政府阁僚，也有经济界的显赫人物，还有皇族的身影。大家都是夫妻结伴出席，特别是女性，身着十分华丽的和服，品着宗室先生沏的茶。看着电视，我不由自主地捋着胸口长出一口气：“哎呀，幸亏推辞了！”

我在战前的女子学校里，作为礼仪礼法的一个环节，也学过一遍茶道的知识。但是既没有出席过茶会，更无缘参加身着和服出席的正式茶席。

即使是正式场合，我本人也从未穿过和服。那是因为，我心里有一种感觉：我母亲直到去世为止，因为家境贫穷，没有穿过一件像样的和服，我怎么能奢侈呢？尽管母亲本人根本就是不会在意那些事情的人，所以我自己也认为这实在是个奇怪的理由。

我听爱好茶道的熟人说，“初釜”在茶道的世界里是非常重大的一件事。何况是掌门人的初釜。如果真在那样的茶席间，与皇族和财界的人一起品茶，或许就真成了媒体热议的话题。但话又说回来，那么一个重视传统和礼节的领域的掌门人，竟然想把共产党员邀请到那样的场合去，虽说对方是国会议员，但想想也很让人感慨。

我丈夫与宗室先生进行对谈时，我也在场。我记得当时宗室先生说了一席有趣的话。他说，千利休[①]设想的茶室，有一个“膝行口”。通过那里时，武士也必须放下刀、弯下身子才能进到茶室里面。也就是说包含着“进入茶室，人皆平等”的思想。他说这一点与共产党是相同的。我当时恍然大悟，认为“果然有道理”。

能与这些完全不同世界的人交流，如果不是因为我丈夫当上了国会议员，应该是不可想象的事情吧。

“不破哲三夫人到来”

有一件事让我痛感不仅在人际交往上要辅助丈夫，还必须根据他的工作需要，加强自身的学习。那是 1976 年

① 千立休（1522—1591），被称为日本茶道的集大成者。

3月，我去地方上声援一个熟人竞选时的事情。

在飞雀丘小区时，一个从秋田县来东京的青年给我们送牛奶。那时候家里还没有冰箱，所以如果送奶时间错过，在我外出时送到的话，牛奶就会变质。我向那个青年提了意见，这倒成为契机，我们成了朋友，再后来他加入了共产党。

岁月流逝，青年在他的家乡秋田县仙北町当上了镇议员。1976年，他要参加第二次选举。听说这次选举战可能很激烈，所以我就想去声援他，于是第一次一个人出发去了东北地区。

到了秋田一看，他们竟然准备了三场由我出席的演讲会。正逢全县的地方普选期间，所以他们安排我不仅声援那个青年，还要去声援周边地区。我并非作为党的讲演者受到正式委托去的，只是听说从前的熟人面临危机，所以打算赶去声援一下，在那儿停留一晚而已，然而突然间变成我要去声援素昧平生的其他候选人，我慌了："不应该是这样的呀！"

但事到如今，也不能说"做不来"，所以我花了三天时间，在当地巡回调研。我后悔自己考虑得太不周全：早知事情会这样发展，起码应该把有关秋田县及近邻地区候选人的情况，认真搜集些材料就好了。

街头演说是在3月底一个晴朗的日子。天上艳阳高照，地上雪花飘舞。这种景象被称作“雪舞”。这样的天气，置身室外却是非常寒冷的，说着话，鼻涕都会流出来。这种经历还是头一回。大家特别高兴，说是我出席的每一个集会都比自民党的大臣来时人还要多。我想这其中包含了大家对我感兴趣的因素，人们想知道“不破先生的太太，是个什么样的人”。

仙北町之后，下一站要去的是有“秋田的小京都”之称的角馆町。国道笔直地直通向远方，两边是白雪覆盖的银色世界。沿路两侧成排地立着“不破哲三书记局长夫人到来”的牌子，延绵不断。看见这样的场景，我的内心是又羞臊、又为难，直想找个地方躲起来。

演讲会上来了很多人，我也勉强努力完成了使命。我记得似乎谈了不破对当时日本全国都在关注的“水门事件”的看法、关于日本农业问题的看法，等等。总而言之，虽说是突发事件，但还是让我对自己学习不够进行了深刻反省。

另外，到了这个时期，我做的事情不仅是协助选举，还有了几次在人前讲话的机会。我给从地方来东京做缝纫工作的年轻女性做过演讲，主题是“女性的生活方式”，也包括恋爱问题在内。我在那里大致讲了以下内容：“大家在寻找另一半的时候，会提出一些要求，比如容貌好、脑子好、个子高，等等。但这些都是不重要的。人，都会慢慢变老。蓬松的头发会变得稀疏，还会变成白发。匀称的体型，过了中年以后会变胖或变瘦。你认为他将来大有前途，但偏偏可能失业、生病。即使变成那样也能跟他一起生活下去、能一直爱他，重要的是要寻找这样的人。”

我是想说，如果人生观、价值观没有共同点，就很难长久。如果对方的形象、生活状态发生变化，心就会离开，就会离婚的话，那就不是真正的夫妻，也不是真正的爱情。

当时来到会场的人都还年轻，或许无法理解我讲的内容，所以大家都边听边笑。而说这些话的我自己，当时也不过40岁出头，所以实际上，什么是所谓的“夫妻俩一起变老”，这件事我理论上非常明白，但也还没有太多的切身感受。

但是到现在这个年龄再看，连我本人也感慨，真的如我当时讲的那样。我们夫妻两人都生过病，有时也会想："哎呀，我们都彻底老了，脸都变成这副模样了！"即使这样，我们本质的关系，仍然丝毫没有改变。那是因为有当初相互确认过的那"1%"存在的缘故。

还有一件讲演中印象深刻的事情。江东区的一个地区妇女集会，搞了一个"漫谈与讨论"的策划。在我讲完话后的提问时间里，突然被问道："太太，您和不破先生结婚，幸福吗？""当然幸福"这句话，我一下子没能说出来。取而代之的，说了一通似懂非懂的暧昧的回答："所谓幸福，每个人标准不同。不符合自己的标准就是不幸，符合就是幸福……"

这件事，一直纠结在我心里，耿耿于怀。为什么自己当时做了那样的答复？到了如今这个年纪，我想我能很干脆地回答："是的，幸福。因为我和丈夫志同道合，在同样的思想指导下齐心合力做事情。"但是那时，不知为什么，却没能断言"我很幸福"。

我想，大概有这样一层因素在里面：我们进到平民密集地带的选举区，与形形色色的人打交道，看到了各式各样的生活状态，其中，从年轻人到年迈者，无论家庭关系还是生活状况，过得十分艰辛的人比比皆是。我们家住的房子，无论在押上，还是后来搬家去的向岛，都不是自己买的房子。但是，在那些真正困难的人看来，我绝对不能算是不优越的。

这种感觉，用语言解释起来也有些困难，就比如在东日本大地震①中，很多人在一瞬间失去了家人、工作、房屋、家乡等全部的东西。你明知那些受灾群众的存在，这时被人问到“你幸福吗？”，还有谁能够不假思索地说得出“是的。我们家没事儿，所以幸福”这样的话？

人，不顾虑周围人的感受，以为“单凭个人的力量就能幸福；只要自己幸福就是幸福”，这是不可能的。我认为，人，最起码应该具备这种意识。

---

① 东日本大地震指 2011 年 3 月 11 日在日本东北部海域发生的里氏 9.0 级地震。

从押上到向岛

位于押上地区的帽子店二层的事务所也显得窄了，所以1977年，我们把“不破哲三事务所”迁移到了墨田区的龟户地区。那是一个二层楼建筑，位于从龟户车站通过一条叫作十三轩路的商店街的宽马路、朝龟户天神神社方向去的拐角处。在此之前，选举一开始，事务所的空间就不够用，每次都要另去寻找事务所。迁移后的地方，在用作选举事务所的同时，还能够为包括秘书在内的本地工作人员提供常驻空间。从初次当选以来历经8年，我们终于拥有了正式的活动据点，可以接受生活咨询、法律咨询等“本地万事通商谈”。前面介绍过的拥有自己的工会歌的南葛工会事务所旧址，以及关东大地震时工会干部被杀害的原龟户警察署旧址都在附近，新事务所就处在这样一个保留着战前斗争痕迹的环境中。

因为离龟户天神神社很近，所以每到岁末年初、“七五三”节、升学就职的季节，事务所前面就人流不息，非常热闹。在这个地方，一直到1993年中选区制结束、1996 年开始实行比例代表选举制[①]为止的 19 年里，我们一直得到大家的关照。

不破第五次参加选举，开票日在事务所庆祝当选（1980 年）

1979 年，我们从押上搬到了位于向岛的共产党的宿舍。说起向岛地区，首先想到的是神轿。宿舍在隅田川的言问桥附近，家门前有一个三围神社，是从江户时代延续下来的有名的神社。

① 日本实行众参两院制。从 1925 年实现男子普选制后一直实行中选区制。1994 年改为小选区和比例代表并立制，小选区由选民直接对候选人进行投票，而比例代表选区则由选民对各政党进行投票并根据得票数按比例给各政党分配议席。

刚刚搬完家，马上就是总选举。在选举开始的前一天，说是时隔好几年没抬出的三围神社的江户神轿要亮相，他们来请不破去抬轿子的前杠。

这台神轿名曰铁神轿，全部由铁做成，很朴素，但很气派。不过它的重量也不一般。据说，通常是在祭祀时抬出神轿，使用三天后轿子就会变得几乎散架。所以在下一次祭祀使用时，必须要“箍紧”，也就是修缮。虽说是机缘巧合，但真是难得一遇的事情，所以就答应了。不过答应归答应，抬轿可真是个辛苦的重体力劳动。

当天，向岛全镇会的镇会长，头戴草笠形盔，配天蓝色日式上下身礼服、白色日式裙裤打扮，为神轿出发送行。一个年轻党员作为不破的助手也参加了抬神轿，但抬神轿这类事情，那个年轻人也是头一回，所以不知道身体的使用技巧，他用全身去扛轿子的重量，结果不堪重负，轿子刚晃动了一次，他就掉队了。不破抬着轿子走完了全程，直到言问桥路，所以在节后第二天开始的选举中，浑身肌肉痛。街头演说时必须面带微笑，而他却连上竞选车的台阶都疼痛不堪，着实难受了一阵。

宿舍周边，是所谓“向岛花柳街”的一端，叫作见番路，立着写有“向岛艺伎组合”的招牌。这个工会的事务长是支持不破的，所以选举开始后，竞选车一启动，他必定要出来，为了图吉利，把装着10张1000日元钞票、信封上写着“当千（选）元”[①]的喜封交给我们，作为募捐。因为事务长深得艺伎们信任，那些艺伎也因为“既然事务长都支持”，也就都投共产党的票。

说点儿多余的话。不破曾被那个事务长问道：“艺伎们问我：要是变成共产党的天下，我们的买卖会怎么样？您说会怎样啊？”于是，据说不破援引古巴夫妻和恋人结伴共舞的卡巴莱为例证，进行了说明。那个事务长去世时，我第一次参加了在写着“向岛艺伎组合”的见番路上举行的葬礼。

搬到向岛三年以后，1982年，宫本显治委员长成为党的议长，不破在52岁的年纪，就任党的委员长。但是，从他出席国会、选为书记局长这些超出想象的事件发生以来，已经过去十余年，所以这次我也不再那么吃惊，而是把它看作不破的活动发展趋势、他得到大家认

---

① “当千（选）元”，日语发音tosen，“十个一千”，与“当选”的日语tosen谐音。

可的结果来接受。当然，在心里，我自然会感觉到责任更加重大了。

一家三口和爱犬奇科

无论多忙，家庭成员间的对话从不欠缺

我们夫妻，只要有时间，任何事情都会相互交流，这是从订婚时代就保持下来的两个人的习惯。不破只要整理理论文章，或是写好论文和演讲提纲，马上就会拿到我跟前来。如果我提出意见，他就会把那些地方修改后再拿过来。关于成文之前的构想，也会不断地跟我讲。当然，我理解到什么程度是另外一回事了。大概不破是在跟别人讲或给人看的过程中，总结并提炼自己的想法吧。

话虽如此，因为不破始终都在考虑工作，所以他找我商量事情，就不分时间和地点。半夜我起床上卫生间，“聊会儿行吗？我睡不着，就在想啊……”，然后听他讲一通理论论文和演说的草稿，这种事情屡屡发生。我原本困盹得很，但听着听着，慢慢地头脑就清醒了。之后就是，他本人说完了，轻松了，然后就睡着了；而我的睡意彻底消失，再也睡不着了。这种事情发生了很多次。我终于也认识到了睡眠不足危害身体，所以，若有半夜再问我“聊会儿行吗”的时候，只要不是特别紧急的事情，我就开始回答：“明天早上吧！”

因为我丈夫写作量非常大，所以他的手上有很大的笔茧。原本他写字很工整，但写兼职工作的稿件、写论文等，文字书写开始赶不上他头脑中浮现出的构想了，最后就需要我帮他誊写一遍。后来接受别人建议，1986 年左右，开始改用打字机。最先用的机型是富士通，屏幕上只能显示半行字的那种机器。他很用力地敲击键盘，所以总发出很大的声响。于是，在我们家，不管是深夜还是早餐前，不分时间地都能听到敲打键盘的声音了。

随着他的地位变化，党的运营、国会、理论“三位一体”的工作逐年繁重起来，这也要求不断提升速度。我最先遇到他的时候，不破还是娃娃样的童颜，一脸文弱的样子。但是，从他当上委员长以后，我感觉他不知哪里发生了变化。原本他的性格也属于不发牢骚、不抱怨那种类型，但“话虽如此，不知什么时候开始，他变得这么坚强了啊！”他已经变得举止稳重、能够忍受逆境了，让我佩服得五体投地。另外，我感觉他作为组织上的人拥有的强烈的责任感、在理论领域的彻底的探索精神，都变得愈加强烈了。

在国会里，共产党的议员人数多的时候，在预算委员会的“总括提问”时间，每次拥有三个小时。在这当中，不破针对核问题、物价问题、过劳问题等每个问题，连连插入手术刀般进行深挖清查，几乎可以说是事事追究，展开了彻底的国会论争。

在国会提问中，我印象特别深刻的是，1974 年田中角荣内阁时，关于“美国核潜艇的放射能泄露调查”的提问。这个问题与现今日本发生的状况，以及日本政府一贯的体制有重叠的部分，所以，我想略微详细地做些说明。

当时，有一个名叫“日本分析化学研究所”的研究所，由日本政府安排，几乎包揽了与核电站和公害等国民生命相关事项的调查。然而，这个研究所捏造了虚假报告，用报告中的数据来证明核潜艇等的“安全性”，在很长一个时期欺骗了国民，这件事被曝光了。不破经过缜密调查和分析，揭露了其中的诡秘，在国会的“总括提问”时对这件事进行了严厉追问。这个问题引起很大反响，《每日新闻》《朝日新闻》《日经新闻》《东京新闻》《产经新闻》等各家报纸在社论中也反复提到。

> 不破书记长揭露出的日本分析化学研究所的放射能检测之惨状，给了国民巨大冲击。该研究所，除核潜艇之外，还受政府及自治体委托进行核电站、公害相关的诸多调查，科学行政从根本上受到了质疑。或可被评价为本期国会最大的收获。
>
> （1974 年 2 月 9 日《每日新闻》）

这件事的追查结果是，1964 年以后延续下来的美国核潜艇的港口停靠被中止 183 天，直到确立了新的放射能调查机构。

除此之外，千叶县柏市的美军基地“罗兰 C”的撤除问题、日美核密约问题也引发了热议。此外，我还记得，他对于当前仍备受争议的“地震与核电”也进行过单刀直入的深度追究。现在，几乎每天在媒体上都有报道的核电站相关问题，实际上完全没有什么新东西，都是不破在当时的提问中，基本上预测到的、提到过的问题。

核问题、外交问题，不用长远的眼光审视难以看到结果，因此需要经历一定时间的检验才能受到普遍评价，这也属不得已。但是 20 年后的今天，看到那时不破曾在国会上追究过的、对核电相关诸多问题的担忧，原封不动地成为今天的现实并深刻地吞噬着国家，这让我感到心痛。我坚定地认为：通过这次国民性的经历，理解“核电安全神话”是个谎言的人成为多数派的日子必将到来。觉悟了的人不要让那意识的星火熄灭，而要不断警醒下去，这一点尤为重要。

第六章

在山庄的二十年

丈夫突然生病

1987 年 4 月，统一地方选举正在进行期间，不破的心肌梗死发作了。

统一地方选举分为前后两个部分，前半部分是选举都、道、府、县议会议员和知事，后半部分是选举区、市、镇、村议会议员，两部分之间有 6 天的间隔。不破发病刚好在前半部分结束后的 4 月 12 日早上。我起床去卫生间时，不破像是在等着我似的，说：“天快亮时感觉胸口有点儿憋闷。”

后来我问他：“为什么感觉不舒服的时候，不立刻叫醒我？”他也没有特别回答原因。我想，大概是因为那段时间我常出现心律不齐，他担心猛地叫醒我，会造成我发作，所以一直等着我自然醒来。

不管怎样，我早就听说过出现心肌梗死会伴随很强烈的疼痛，但晚上时，不破并没有很疼的样子。他自己说“睡一觉就会好的”，所以吃过安眠药，就睡下了。

后来，13 日晚上，他依然是在睡着后出现了同样症状，胸口有不适感。第二天，不破参加了在当地举行的区议员选举前的集会以及全东京都的誓师大会。他在每个集会上都做了一个小时左右的讲话，他说自己“很注意尽量不扯开嗓子大声说话”。

那时，我们还住在向岛的党的宿舍，但为了收藏不断增加的书籍以及出于兴趣买来收集的乡土玩偶，头一年，我们刚刚在位于神奈川县相模原市的丹泽群山脚下一个叫青根的地方，买了一块地，修建了一个山中小屋风格的圆木搭建的房子。为慎重起见，我们决定到那里休息一两天，所以集会结束后，就出发去青根了。

然而，到达青根的第二天早上，我丈夫说“到了下之泽，上坡时我喘不上气来”。而就在这时，总部打来电话，党支持的福冈县知事和川崎市长要来做当选后的答谢，希望不破出席。我叮嘱不破："如果去总部的话，别忘了回家时在医院做个心电图再回来。"

在党总部办完事，不破顺路去了医院，还跟医生说"是酒在作祟吗"，做了心电图，结果被诊断为心肌梗死。医生当场就让他躺下，又是吸氧又是什么的，顿时变成了大事。从最初发作算起，直到第 4 天，才终于做了心电图，弄清状况。

在注入造影剂拍了X光片后，一看才知道，在变窄的血管四周，呈烟雾状地形成了许多旁支。

这次没有酿成大祸，大概是登山运动的功效吧。不破平日里只要找到一点儿时间，就会去八岳群山、奥秩父群山等地方爬山。上小学时，他跟哥哥耕一郎去爬白马岳，之后对登山曾经一度敬而远之。但上任书记局长后过了一段时间，说是为了健康和调换心情，他再次逐渐开始爬山。我想，大概是托了爬山锻炼了心肺功能的福，才有了不幸中的万幸。

诊断出来三个月后，不破接受了当时最先进的 PTCA（经皮冠状动脉成形术）治疗，即用所谓"气球疗法"来扩张血管。托各位优秀的医疗工作者的福，不破得以顺利生还。如果那时死去，也就没有了20世纪90年代以后到今天为止的活动和理论进展。想到这些，对于医生和相关工作人员，除了感谢还是感谢！

但让我吃惊的是，因为治疗结果过于好，所以不破的“心脏”照片登上了专业医学杂志封面。在那之前，不破的脸出现在杂志封面上是有的，但心脏上封面还是第一次体验。我注视着送来的杂志的封面，产生了一种难以言表的心情。同时，想着这个心脏能救活真不易，因此对于丈夫生还的喜悦感受更加真切。

在不破疗养期间，我代替他加入选区内区议员选举的声援活动，呼吁大家“当选是最好的探望”。

不破自己虽然说在青根专心治疗，但依旧抱着一堆稿纸，从8月到11月期间，写了《自然辩证法——追寻恩格斯的足迹》《读列宁〈卡尔·马克思〉》《“资本主义的全面危机”论之系谱与决算》三本书。

不破正式开始登山是在这次治疗之后。从那以来，以青根的山庄为根据地，他把丹泽群山、道志群山周边都走遍了。

暑假时，我们一家人常常在位于信州的八岳山脚下的党的宿舍度过。遗憾的是，我的腿不好，所以正式登山时，不能与他们同行。基本上我丈夫在8月的盂兰盆节假期，都跟女儿、女婿、出版社（山与溪谷社）的朋友一起去享受登山。在山上的小木屋里，有时会在一叠宽的榻榻米上睡两个人，我常问他："那么差的环境，睡得着吗？"但他本人似乎一开始爬山，就深深地沉浸在南阿尔卑斯山脉的雄伟壮观中，顾不得其他了。

生病后第二年，即1988年，不破开始进行期待已久的南阿尔卑斯挑战，包括它的最高峰北岳在内，他登上了全部13座3 000米级大山的山顶，把关于登山的体会总结进了《回想的山道》《我的南阿尔卑斯》(均由"山与溪谷社"出版）两本书中。就这样，不破与大山亲近了约十年，到70岁那年的夏天，以南阿尔卑斯山之行作为收尾，考虑到体力因素，结束了登山运动。

意想不到的交流

由于心肌梗死病倒是1987年4月，不破57岁时的事情。在这一年11月的党大会上，考虑到身体情况，不破从委员长职务上退下来，担任副议长。然而，之后他身体恢复好得几乎让医生都惊讶，于是1989年又重返委员长职务。在这期间，他已经于1988年1月访问印度和丹麦、1989年3月访问南斯拉夫、5月赴苏联与戈尔巴乔夫进行辩论等，身体和活动基本都恢复到原来的状态。

虽不能说这是“因祸得福”，但登山不仅挽救了我丈夫的身体，还带来许多美好的事情。以山为缘，我们开始与一些意想不到的人进行交流。

不破接受出版社“山与溪谷社”的委托，给随笔集《大山给我的一百个喜悦》写文章时，翻开印好后送来的书一看，在不破文章的后一页，登载着古典美术鉴定家中岛诚之助先生的文章。丈夫和我很早就在看电视节目“开运！什么都鉴定团”（东京电视台系列），所以不破就写了落款“相邻之谊”，把自己的山行记寄去了。作为回赠，中岛先生寄来了他们全家的大山故事书。自那以来，我们开始交往。最近，他会把完成的俳句集也给我们寄来，那是他迎来70岁生日时的计划，决定一年咏一千首俳句。

与登山家岩崎元郎先生，是因为同住一个山中小屋而结缘，后来他与不破进行过对谈。岩崎先生直到现在仍旧时不时地，或从喜马拉雅的山脚下，或从阿尔卑斯山脉，总之从世界的一座座大山寄来明信片。有一次，说是“因为跟不破先生的脸一模一样”，而从尼泊尔给我们寄来了佛像的面部作为封面的挂历。

在这样类似的缘分中，在我心中特别不能忘怀的是与已故作家水上勉先生的交流。我们夫妻和水上先生相识的契机是一张照片。

事情开始于1989年。水上先生访问中国，回来后不久，由于心脏病发作病倒了。这件事，我们还是通过报纸报道得知的。虽然我和不破都读过许多水上先生的作品，但在那之前，我们与他本人没有任何交集。

然而，水上先生看到我丈夫和女儿参加报纸《每日新闻》策划的登山照片后，心想：“和自己得了同样的病，也可以恢复到这么有精神?!”于是他突然给我们家里打来电话。关于此事，在水上先生和不破的对话集中，水上先生做了详细叙述。

水上：（通过报社记者中介，我给不破家打了电话）七加夫人接了电话。我自报家门“我是水上”，她就问：“您是写小说的水上先生吗？”我回答：“是啊！”（笑）然后我问了问才知道，不破先生的情况和我的情况，差别太大了。（中略）

说了这些话后，我询问：“实际上，我正在医院消沉呢。三分之二的心脏坏死了，只剩下三分之一。这种情况我还能活吗？能恢复到去爬山吗？”她说：“能啊！”我真还受到了鼓舞呢。

打电话那时正是特别沮丧的时候，我应该是既没有精神也没有生存的喜悦和期待。所以我才找人求救的。

（中略）

七加子：的确说了些像是“泡在药罐里了，迷迷糊糊的”之类的话。我问他：“现在，您在哪里呢？”他告诉我“在床上”。

水上：（中略）另外，当时，我变得很不相信医生，所以也不知道为什么，我就认为：要是在这个世界上找一个不说谎的人，就只有这个人了。（后略）

（摘自《一滴力水——生活在同一时代》水上勉、不破哲三，光文社）

从那以后，写信是自不必说了，还通过传真、电话开始交流。水上先生对我有很多种称呼：“七加女士”“七加夫人”“七加子太太”。他和我之间，电话交谈比信件多，即便不破打电话时，如果我没出现，他肯定要追问一句：“七加女士不在吗？”这大概是因为第一次从病床上开始的对话，给当时内心怯懦的水上先生留下了印象的缘故吧。他去世后我才意识到，之前从没有过男性用“七加女士”来称呼我，所以，仿佛现在才发觉似的，那句“七加女士”让人怀念。

第一次通电话后大概过了三年的时候，刚好在京都有不破的演讲会，我们借机拜访了位于京都百万遍的水上先生的公寓。尽管那时大家是初次谋面，但一下子就畅谈了 5 个钟头。

下一次见面是在长野县。我们夫妻俩访问了水上先生当时设在北御牧村（现在的东御市）勘六山的工作坊。

去拜访的头一天，我们收到水上先生发来的打动人心的传真："什么也别吃，请空着肚子来。我现在回归曾经做寺院小和尚的那个时候，正煮着白萝卜和香菇。神清气爽地待在厨房里呢。"我们到达他家时惊叹不已：水上先生亲手制作、充满真情实意的饭菜，已经摆好一长桌。他本人也说："做这么多品种，着实也时隔几十年了。因为咱们是三年前的约定嘛。"勘六山的工作坊的别栋，有烧制陶瓷器的窑、竹制手工纸场等，于是我也第一次学做了各式各样的手工艺品。

又过了 4 年，水上先生来到我们位于青根的山庄。听到我叹惜庭院中的山红叶由于酷暑都打起卷来不好看，这时，他用很文学化的表述来宽慰我："红叶粗细适度，让我满饱眼福了。山景真是难以言喻的。再有不足的地方，还有想象力来弥补啊，所以那情景，对我是最好的款待了！"因为三年前招待我们时拿出的煮红豆，我说过喜欢吃，这次他给我拿来两袋煮好的红豆。"带红豆到青根来的，也只有我了吧？"他说这话时那种兴高采烈的表情，至今留在我印象中。

不破与水上先生，相互都认可对方是因心脏疾病结缘的"心友"。按照水上先生的风格来说，他们"不只是因为疾病，还是通过看不见的地下根茎连接着的‘心之友’”。

另外，水上先生还这样讲：

“我跟不破先生就是投缘。要想说清这种关系，需要3 000张稿纸。就是七加夫人，要想说清楚为什么喜欢上这个人，也得花上3 000张纸吧？所谓投缘，就是这样的感觉。”

用水上先生喜欢的语言来表述，人与人之间的相遇，就是“曰难言也”。我们每次见面，都会谈些自己父母的事情、成长经历、文学、政治、核电等，总有说不尽的话。后来，我们之间多次往来的传真和信件，汇集成一本书《生活在同一时代——水上勉、不破哲三来往书信》（新日本出版社）。

在筹备出版水上先生与不破的对谈集《一滴力水》时，不破顺便访问了水上先生做寺院小和尚时的京都“等持院”，我也同去了。这个寺院，虽说是室町幕府创始人足利尊氏的菩提寺，但或许是被说成是国贼的寺院的缘故，足利尊氏的墓穴比想象的要简洁、朴素。我感觉像是见到了久违的故人般，也是因为我儿时被叫的外号的缘故吧。

政治方面，在京都市长选举以及不破的最后一次总选举的时候，都收到了水上先生热情洋溢的声援书。

另外，水上先生对于他的家乡福井县若狭湾的核电站问题，从起初就强烈反对，曾经还有一次和不破一起申请去考察核电站。最终，水上先生的考察被对方拒绝了。因此，我深深地认为，如果水上先生还活着，看到东日本大地震中的核电事故，一定会因怒火中烧而站在游行示威队伍的前列。

之后，中国共产党曾向我丈夫提起，邀请我们夫妇一起访问中国。正好赶上我因病刚做了手术，于是在电话中把这件事对水上先生讲了，我说："已经对体力没自信了，所以去不了。"水上先生给我加油道："没问题，我给你带路，一起去吧！"最终，我的中国之行还是没能实现。至今，我留下个心结："要是那时候多少勉强着也一起去了就好了。"这或许也就是不可思议的人与人的关系、"曰难言也"的余韵吧。

如今，每每回想起与晚年的水上先生15年之间交流的点点滴滴，就会感谢让我们的人生变得丰富多彩的水上先生，怀念他的音容笑貌。

此外，在作家当中，不破还于1999年出版了与井上厦先生的对谈录《新日本共产党宣言》(井上厦、不破哲三著，光文社)。

井上先生来到青根，参观着我们家收藏的乡土玩具，谈天说地讲了很多话。那时——这是井上厦先生在书中写到的——因为不破不经意地说了一句："那里面是明治天皇（的偶人）啊！"据说他很吃惊。书里写到：说起共产党，就只会想到推翻天皇制，却没想到其最高负责人的藏品中会有明治天皇的偶人。

那时，不破淡淡地说："我喜欢古玩意儿。"然后把那个偶人到手的经过讲了一遍。听到这番话，井上先生写道："我清楚地知道了，不破先生也是从心底热爱日本百姓所爱好的东西的日本人之一。"

不知是否这句话给多数读者留下了深刻印象的缘故，从那以后，开始常常被来我家做客、看偶人的人问："传说中的那个明治天皇的偶人，在哪儿呢？"于是我每次都要做一番说明："那是明治中期，日清战争[①]

① 日清战争，指甲午战争。

中获胜时制作的。那后来，随着天皇不断被神格化，似乎就不能再做了。因为再用天皇的人偶来玩耍，都成了‘大不敬’了，更别提拍打或损坏了。”

据说井上先生的父亲从战前开始就是活动家。他与不破的对话，在让人们更好地了解共产党这一点上，写得极富有趣味性；而井上先生独特的讲述，也充满了新发现，非常精彩。在他去世以后，我更加感到那次对话所具有的深远意义。

“阿通”姑娘①的身影

熟人之间的交集，就像是大树的枝干一样盘综交错在一起。其中，与作家吉川英治先生以及曾经谋面的吉川文子夫人的交往，对我们来说也是难忘的记忆。

不破在10岁的少年时代，由他父亲领着，拿着自己写的稿子去请教吉川英治先生，这件事是很多人都知道的小插曲。过了50多年以后，有家周刊杂志做了一

① 阿通姑娘，吉川英治的小说《宫本武藏》中的女主人公。

个题为“我最想做的事”的图片策划，他们找到不破时，不破同意了，说是“想当小说家”。

位于青梅的吉川英治纪念馆，我们之前也去参观过。当我们请求借用纪念馆作为这个策划的摄影地点时，得到了文子夫人的许可。于是不破难得地穿上和服，立即拜访了纪念馆，我也第一次见到了吉川文子夫人。摄影师是立木义浩先生。

准备摄影时，我们进入旧宅的大门，不破被带到日式房间，面对庭院，坐在桌子前面。这样的摆设，是吉川先生工作时原封不动的状态，但若摄影，这样是逆光的，所以夫人又跟着忙前忙后地关照一番。

开始摄影后，正当不破按照立木先生的指示、忙着完成拍摄期间，我有了机会单独与夫人交谈。

我在战后初期，还在第三高等女子专科时，写过关于《宫本武藏》和《飘》这两本完全不同的著作的书评式感想。《宫本武藏》一书，我读得很熟，只要说出书中登场的地名，至今仍能马上在脑海中浮想起那些场景。因为我也听说过不破小时候的插曲，所以在我心中从开始也就有一种亲切感。一旦见到文子夫人，从纤瘦的体型到讲话的语气，我觉得十足就是《宫本武藏》中出现的“阿通”姑娘。刚进房门口的地板，全部铺的是略偏中细的圆木，呈现出朴素的风情。我正凝视观赏，听见夫人解释道：“这是吉川喜欢、让人修建的。”从榻榻米的房间再往里去，是一间可以站着祭拜的佛堂，吉川夫人把我们送给她的不破的书拿去供奉在那里了！她考虑得这么贴心，令我很是惊讶，所以只有对着佛龛低头鞠躬。

摄影在立木义浩先生热闹的话声中结束，回到家后，才突然意识到：今天用的桌子、钢笔、笔筒、稿纸、火炉等东西，是哪儿来的呀？当时没有注意到这些细节，所以再次给纪念馆打了电话。事务长回答：“全都是吉川英治先生使用过的遗物。按照夫人的吩咐，照原样进行了准备。”文子夫人暖心的关照让我感动，她的确是我想象中的“阿通”姑娘。

在与水上先生的交流中，有一节加入了他与吉川先生的话题。这是水上先生与不破在对谈《一滴力水》中讲到的事情。水上先生说，1962年，他凭借《雁之寺》被选入“直木奖”时，早先就在推荐小说的吉川先生写信给他，开头写道“水上君也成为可以靠小说吃饭的作家了……”，但中途又停笔了，信就成了废纸留下来，后来文子夫人又把它寄过来了。在对谈的席间，井上先生和不破共同缅怀吉川先生，谈话滔滔不绝。

我再一次拜访纪念馆，是吉川先生写给不破的父亲的回信被找到时。不破的父亲曾写信给吉川先生说想带着10岁的不破去拜访吉川先生，吉川先生写来“欢迎光临”的回信。这封信原以为在战时战后的混乱中遗失了，却在堆积如山的旧书籍中找到了。

信的内容，充分展现出吉川先生的人品。说起吉川先生，当然已经是鼎鼎有名的大作家了。这样一个人，当他收到一个素不相识的父亲突然的请求时，先是对于迟复一事表示歉意，并用很郑重的措辞写了回信：“承尊父子之情，赐寄恳笃之书，我辈小生，欣喜何如。鄙人不过凡尘书生，尚未立身，非敢自信。如蒙不弃，偶一下顾，诚所欢迎。倘若时常光顾，轻松做客，尤所期待。适值贵公子暑期闲中，请随择清晨，以待恭迎。”

那时，侵略中国的战争已经持续4年，到太平洋战争爆发还有一年时间，作家也都被要求作为从军特派人员配合战争，但信中却完全没有战争的味道，并还能从中强烈感受到吉川先生的人品。在这个意义上，我也认为的确是一封珍贵的信。

于是，我就想把这封信赠送给文子夫人。文子夫人接过这封信时，显得非常高兴，她讲："吉川就是那样一个人。"水上先生读了这封信，也深有体会地说，他谦虚的态度和对人生的态度，那之后也没有变化。文子夫人和当地人一起制作的"红梅馒头"的美味，我们是一边联想着吉川先生和文子夫人的人品，一边品尝的。

文子夫人去世时，在青山殡仪馆举办的葬礼上，不破偶然与千玄室先生并排而坐。千玄室先生与不破举行对谈时，还是里千家第十五代掌门人，这时已经让位给第十六代掌门人，自称"玄室"。席间还听说吉川夫妇是千玄室先生夫妇的媒人。许许多多的人与人的一个又一个的交集，都缠绕在一棵意想不到的大树上。我擅自把文子夫人想象成"阿通姑娘那样的人"，并印象深刻地留在心中，用水上先生的方式来表达，也是"曰难言也"吧。

泥塑的魅力

我想说一说井上厦先生也表示过钦佩的、我与不破“收集乡土玩具”的爱好。

现在，我们生活的青根的家，别栋一层是书库、二层是摆设着以泥塑为主的乡土玩具等民间工艺品的展室。要说数量，仅泥塑大约就有 700 个吧。

不破自从担任书记局长开始，去地方上工作，就会买一些小点心之类的回来当作礼物。但是点心吃过就没有了，与其这样，不如买些当地流传下来的独特的东西，比如用稻草、纸、竹子、石头等制作的玩具或工艺品，又能留下来做纪念，也有意思，于是渐渐地民间工艺品和乡土玩具等土特产就增加了。

乡土玩具的世界里，也有很多东西从很早就开始大量生产了，而从前那种传统的民间手工艺品越来越少。随着传承手艺的年轻人减少，也不乏宝贵的传统销声匿迹的情况。在这样的情形下，去地方游说时淘到珍奇物件，不破就会特别兴奋地买回来，于是，也不知从什么时候开始，收集各种民间工艺品，就变成我们夫妻共同的爱好了。

收集的重点转变成以泥土制作的偶人为主，并且转向年代久远的物件，是从20世纪70年代末开始的。我们最先与泥塑相遇，是1978年在上野的百货商场举办的飞驒高山展上。看到歌舞伎曲目《先代萩》中出现的乳母“政冈”的泥塑，一眼就感觉很中意。一看价格要4 000日元，因为感觉有点儿贵，所以没能下决心买，一度回了家。第二天两个人又特地去看了一次，一跺脚买了下来。

青根的自家二层成为收集来的泥塑的展厅

据说泥塑的发源地在京都的伏见地区，但从东北到九州，日本各地都有泥塑。有的仿照同一个人物，有的即便是同一个模子的泥塑，但面部和风格也因地而异、微妙地有所不同，从而酿造出极好的风情和韵味。与其他任何物件相比，农闲时农民和泥瓦匠，以及诸多无名氏亲手制作的物件是最好的。若问为什么连我都会被民间工艺品和泥塑吸引而着迷，归根结底与其说是物品的艺术价值，更是因为那背后的“人类的历史”让人感到有趣的缘故吧。

看着民间工艺品、特别是古老的泥塑，从有些人的表情可以读出他们的心理：“为什么会喜欢这样的东西？”。就如同我看见有些成年人着迷于收集邮票、电影海报、马口铁玩具等，也会想“为什么会喜欢这个?!”，所以兴趣这个东西就是各有所好。

我们夫妇还特别喜欢历史，只要有机会就会去走访名胜古迹。在八岳的共产党宿舍暑期休假时，我们也常去探访各处的古代遗迹。宿舍附近也有一些长野县广为人知的绳文时代的古迹，比如尖石遗迹、井户尻遗迹等。在尖石，村落里有一个小型超市。我探头一瞧，那里跟自家田里产的大萝卜和胡萝卜并排放着纸箱子，里面装着土器的碎片，以很便宜的价格在出售，所以禁不住就买了下来。当时，在那片地方，从自家田里挖出的这种土器碎片司空见惯、数不胜数。把买的东西拿回家，去掉表面的泥土，就出现了各式各样的花纹图案。看着这些古代的生活用品和装饰品，想象力会受到强烈刺激，让人去思考当时人们的生活和人生。

另外，从东京去往宿舍时途径的高速公路中央道的、山梨县的一角，长期处于施工中断状态，我在想是为什么，于是就到周围去看情况，结果撞见了一个大规模的发掘现场，很多当地妇女正在进行土器发掘工作。这就是释迦堂遗迹。

这个村落遗址，在入口处挖了地穴埋着坛子。关于这个坛子似乎还有过争议，但据发掘负责人讲，当时死胎很多，人们把婴儿遗骸装进那个坛子里。人们相信，母亲从埋着坛子的地方迈过，死去的婴儿就会作为新生命复活，重新投胎。即便一个坛子，也承载着人们的生活方式、记刻着历史的诉说。据说还有另一种风俗，让土偶背负所有苦厄，然后将其打碎，以祈求孩子健康。

看过许许多多土偶，我尤为赞叹的是女性的面部表情之丰富。或是哭泣，或是愤怒，或是呐喊，某种意义上很具有现实性。在释迦堂遗址发现的一个土偶，因为其过于生动美丽，我们将它命名为“释迦堂最美小姐”，用作我丈夫的一本书的封面图片了。各地的土偶中，佩戴着耳环的女性也很多，超越时代的那种时尚感，我等是脱帽致敬的。

与老百姓日常生活息息相关的喜怒哀乐，无论在什么时代，都有不变的普遍性，而这似乎刚好触碰到我内心的某些部分。细想起来，我觉得我们之所以倾心于古老的泥塑，与我们对土偶[①]抱有的兴趣之间也有共通之处。终归还是对人类历史的兴趣。

跨越 48 年的承诺

我们夫妻原本就喜欢历史，但让我们能更切身地感受日本历史的契机是“采访旅行”。

---

① 土偶指日本绳文时期制作的泥人（多为女性）。泥塑指日本民间传统工艺制作的彩陶人。

时隔 40 年重访东京大学野尻湖宿舍，
怀念年轻时两个人度过的时光（1990 年）

夫妻二人的旅行，自新婚旅行之后就再没有过，但因工作关系，有一个时期常常一起外出。特别是 1988—1997 年期间，不破为共产党的画报《你好！这里是日本共产党》做采访，我时常同行，因此夫妻二人去了相当多的地方。

最初一次，是访问共产党员担任市长的大阪府羽曳野市。我们探访了在古代国家形成争论中也会出现的古市古坟群，探访了在超过 100 个的古坟中规模最大、在日本也是最大级别的誉田山古坟，在它的陪坟栗冢古坟的外护城河发掘现场，看到了陈列的大圆筒土俑，参观了平安后期源氏属地上的河内源氏三代之墓等。畅谈历史的旅行真是让人身心愉悦。在古代的历史遗迹中，也去参观过埼玉古坟群、东北地区的石器时代遗迹，但遗憾的是旅程中时间总不充裕。

站在90年前、1922年召开党成立大会时的民房旧址前①
（64岁，1993年）

① 此处位于东京都涩谷区伊达町。

在历史之旅中，我们还循着战前日本共产党的历史足迹和“秩父事件”[①]的足迹，接触了自由民权运动的历史；又由当地高中生做向导，走访了战争即将结束前修建的“松代大本营”的地下壕沟。在松代，高中生送给我们一箱桃子，这也是难忘的开心的回忆。

就这样，有时话题从古代、中世一直谈到现代史。画报采用两个人的对话形式，所以相应地读了一些资料。那个时候，我曾经梦想：等老了，有了时间，一定要把全日本的名胜古迹都转一遍。

在题为“90年代黎明之时，不破君走信浓路”的采访旅行兼选举声援活动中，我坐着竞选车，在经过母亲娘家所在的诹访市四贺、赤沼附近的街道时停下车来，自我介绍道：“我是在这里出生的。”这样一来，附近的人都聚集过来：“啊？是这里出身的吗？还真不知道呢！”好多人都来打招呼。

阔别多年，再次站在故乡的土地上，小时候给我吃过玉米的叔叔阿姨们的名字，都自然地一个一个浮想起

① 1884年10月31日至11月9日，以埼玉县秩父郡的农民为中心发生的大规模武装起义。

来。从三岁开始，我一直生活在东京，自认为自己是市井里长大的孩子，但到这里一看：原来这里也是自己的“家乡”啊！不觉心中生出一股暖流。

采访旅行中忘不掉的，是做题为“不破哲三，寻根之旅”采访去高知县时的事情。我们订婚时，不破就跟我约定：“找时间，带你去我父母的老家，去土佐！因为我也没有去过我父亲出生的地方。”这个约定得以实现，是在48年后，所以真是一个慢性子的约定。但丈夫总算是认真履行了他的诺言。

当天，我们乘船，在足摺港上岸，探访了不破父母的足迹。父亲上田庄三郎，在当地被称作“上庄先生”，当时是一位具有革新思想的教育家。在一个叫作龙串海岸的风光明媚的国定公园里，有一座学生们修建的“忆上庄先生”纪念碑。

> （前略）啊，然而请看，一粒麦子落地，战后四分之一世纪，你始终情怀洋溢，书写下遍世业绩；守卫生命的草根之“反战和平”……
>
> （中略）

正因如此，我们的上庄先生啊，你绝不知毁灭，

将永久活在这故乡的蓝天之下、海山的光与风之中，

请你向所有年轻人发问、讲述、歌唱。

读着这样一段碑文，仿佛看到了土佐人特有的激情，我胸中也感到一股热流。

秩父事件（1884 年）中“困民党”3 000 人集结的椋神社（1990 年）

我婆婆的出生地是在中村（现在的四万十市）。说起中村，那是明治时期的思想家、大逆事件[①]中被处死刑的

① 1910 年，明治政府以部分社会主义者计划暗杀天皇为由，将幸德秋水等人逮捕并处死刑，故又称“幸德事件”。

幸德秋水的出生故乡。即使现在，在四万十市的正福寺里，还有幸德秋水和夫人的墓地，我们也到了那里。

秩父事件中“困民党”由此处“音乐寺”跑下秩父的街道

从四万十川乘船出航，第一次跟留在当地的表兄弟们进行了深谈。不破本人是东京出生、东京长大，之前由他母亲领着到中村去，战前有过一次，战后两次。但踏足他父亲的故乡土佐清水市，这时候才是第一次。我们访问了已用作老年俱乐部的父亲的旧居，以及父亲作为教育者曾经活跃过的学校，还听一位父亲曾经教过的学生讲了一些事情，详细追踪了父亲的足迹。来到盼望已久的土佐一看，感觉仿佛从四万十川静静流淌的河流中、从桂滨眺望的太平洋的宽阔海面上，寻找到了不破的渊源，让我产生了一种难以形容的深深感慨。

访问不破母亲的故乡，泛舟四万十川的清流（1997 年）

与病魔做斗争及丈夫的支持

刚从高知县旅行回来，1997 年岁暮，我得了胃癌。第二年 1 月做腹腔镜手术，3 月做了开腹手术，结果良好。托优秀的医生们的福，也没投用抗癌药，我就得以顺利地康复。

那年（1998年）7月有参议院选举，所以我与不破同行，在东京做了4次、在地方上做了9次演讲。这次选举，无论走到哪里，人们都对共产党寄予了强烈的关心，演讲时聚集来的人非常多。7月6日在东京的新宿街头演讲时，以小田急百货商场前面的宣传车为中心，新宿的街道上听众人山人海，三万多人在街头沸腾了。我拖着刚刚摘除了胃癌后的身体，着实被这样的场面所感动，受到莫大鼓舞。这次选举的结果是，共产党在比例区获得了820万张支持票。

然而，我好不容易感觉从胃癌手术中恢复体力，又患上了叫作风湿性多肌痛的病。这次，我又一次幸运地遇到了好医生，大约花7年时间，完全治愈了。但是，或许由于药物副作用等原因，长年折磨我的左腿骨关节塌陷，连行走都变得困难。

从2002年起，甚至要去离床几步远的卫生间都很艰难，每一次，都需要借助丈夫出手帮助。我丈夫的家务劳动和看护病人的重劳动也增加了。为不影响正在轨道上有序运行的丈夫的工作，第二年我下决心做了骨关节手术。术后一段时间，我不能行走，要靠轮椅生活，但为我推轮椅的主要还是我丈夫。手术结束后，我又开始被心律不齐发作困扰。这个疾病也因为遇上名医，病情稳定，但至今仍在服用治疗心脏的药物。

就这样，我的整个70岁的年龄段，都是与接踵而来的疾病做斗争的日子。我需要长期住院时，丈夫就把居住地定在离医院也近、离总部也近的党的宿舍，即便是短时间，他也必定每天来医院看看我的情况。特别是做了骨关节手术后，因为很长时间不能下床，所以那段时间的生活状态就是，丈夫一大清早来医院帮助我洗漱、吃饭，傍晚再来医院露个面看看我。

总而言之，20世纪90年代，对不破来说，无论在国会还是理论研究方面，都是特别忙碌而又充实的一个时期。可是我的身体却一次又一次地出状况，让他不得不来照顾病人。即便这样，我却从没有听丈夫口中说出过“又要照顾病人，又要工作，忙得受不了”之类的话。在病房里，他跟在家时一样，只和我说些“今天是这样的。发生了这样的事儿，还有那样一些事儿”之类的话。真就是一个一如既往、自然体的不破。

我由于骨关节治疗而住院期间，不破被一个女性团体邀请去做演讲，他来问："我穿什么衣服去好啊？"我跟他说在哪个衣柜里放着什么衣服和领带，他似乎也不清楚，于是当天早上，特意把衣服拿到病房来，确认道："这样行吗？"演讲结束后，又特意给我拿来一大束鲜红的玫瑰花，说是在会场收到的。

出院以后，又有出院后的事。复查去医院时，最初他特别担心，一定要在我后面跟着。尽管我说："我现在是去医院，所以如果有什么事，周围也有医生和护士在，不要紧的！"但他说，摔倒就麻烦了，于是就跟我一起去。等待就诊期间，他做着自己的工作。这样一来，不破和我的医生们也渐渐地熟悉起来。到最后，以至于被一个熟悉的医生北岛政树先生（庆应义塾大学医学部原部长，现任国际医疗福祉大学校长，他从我得胃癌开始到后来接二连三地生病时都关照过我）——调侃道："我认为自己就是个爱妻家，但还是赶不上不破先生爱妻的程度啊！"

就这样，在我艰难的时候，丈夫也不动声色地细心照顾着我。对于他，我心中是十分感激的。

丹麦女王的晚餐会

不破于2000年70岁时，从委员长改任议长。2003年从国会议员引退，在党的纲领修改完成后，于2006年的大会上卸任议长。任何事情，判断退出的节点最关键，也很困难。但哪怕是从为年轻一代让路这一点来考虑，我也认为他是在一个正确的时机做了正确的判断。

在不破担任议长时期，有一个事件留在我的记忆里。2004年11月，丹麦女王玛格丽特二世访问日本，在迎宾馆举行晚餐会，不破和我也受到邀请。

被外国王室邀请，作为党来说，这是第一次。丹麦这个国家实行国王制，是丹麦人民的选择，所以我们没有资格说长道短。他们来到日本，邀请了许多政党，对共产党并没有区别对待，也发出了邀请，所以党认为，毫无理由地拒绝是失礼的。但是，主宾又是天皇夫妇，而且也不知道仪式的程序，一旦贸然答应下来，如果现场发生什么不妥，反倒失礼，那显然也不行。于是，总部就向大使馆咨询，得到的正式答复是："仪式按照丹麦风格举行。既不演奏'君之代'，也不强求客人做什么，所以没有与你们的立场相矛盾的事情。”因此，我们决定参加晚餐会。

当天，我穿了一身黑色西服套装，搭配一件绿色女罩衫，忍着腿痛，走上了迎宾馆长长的台阶。会场没有桌椅，大家全都站着。我想找日本其他政党的人，也没有找见。北欧的男性个子高、体格好，女性穿着袒露一大截后背的礼服也很得体。我记得日本女性穿和服的居多。到主办者入场为止，可以随意喝些饮料，我看见许多人手拿杯子在交谈，还有些惊讶。

不久，随着信号声，女王夫妇、天皇夫妇和天皇一家人入场。宾客虽然也给主办者和主宾让开通道，但并没有特别地鼓掌，也没有像电影中看到的那样，单膝跪地亲吻女王的手背，大家都很平常的样子。

女王表演了自己创作的芭蕾舞，之后响起音乐，女王做了简短的致辞、顺着入场的路线退场。仪式到此结束。正如丹麦大使馆讲的那样，既没有“日之丸”，也没有“君之代”。之后有部分媒体说我们“与天皇夫妇同席”“同桌用餐”，但当时那样的状态，显然不能说是同席！勉强能说的是，当女王夫妇、天皇夫妇入场与退场时，我们与其他人一样在现场，仅此而已。

主宾一退场，接下来就自由了。会场两侧有摆放食物的角落，是自助餐形式。我也觉得挺难得的，本想尝尝丹麦的熏三文鱼，但到处都是拿着碟子的人排着长长的队。等着也挺累的，我也就断了念头。

我丈夫或是有熟人跟他打招呼，或是与人交换名片，忙着应酬。但我因为会场里没有椅子，腿难受得不得了，于是就走出了会场。会场外面有一条十分宽敞、笔直的长廊，摆放着椅子。我庆幸没有人，就在那里坐下了。这时，文艺界的冈田真澄先生来到我面前，一边说着："站着很累啊"，一边在我旁边坐下。似乎是因为冈田先生的母亲是丹麦人的缘故，所以他也出席了。他是我这一天唯一的一个交谈对象。

但是，第二年（2005 年）1 月，发生了令人惊讶的事情。某周刊向我发来关于我的五条提问。对此，党的外宣部寄去了书面回答，但 2 月 3 日，周刊杂志登载了一篇完全无视这份书面回答的报道。

报道的标题是《"第二个江青"不破哲三夫人谈"与天皇共存"》。杂志起了这样一个如此令人惶恐不安的报道标题，实在是超出我想象的事件。

于是，在周刊杂志出版的第二天，《赤旗报》刊登反驳文章《攻击共产党的报道是这样编造的》，同时刊登了周刊杂志寄来的提问和外宣部的回答全文。那家周刊杂志寄来的提问内容如下：

> 电话中也说过了，我想请问七加子夫人给予不破哲三议长的影响力。不破议长是有名的爱妻家，在一些事情上还被认为是“妻管严”，听说对党内也具有影响力。
>
> （中略涉及有关丹麦女王举办的晚餐会情况）
>
> 听说第二天，党总部召开了常任委员会紧急会议，七加子夫人也出席了会议，讲到今后要与天皇共存下去。因此请回答以下几项提问：请问七加子夫人在党内的头衔是什么？七加子夫人是以什么样的立场出席常任委员会的？请详细告知七加子夫人在常任委员会上的发言内容。不破议长出席了丹麦女王主办的晚宴后，贵党即把天皇诞辰日规定为节日，明确地对天皇制采取柔软姿态，这与七加子夫

人的发言有什么样的关系？（后略）

关于对“天皇制”的立场等，日本共产党党大会原本已经做出过决定。并且对方在提问书中先写“议长”，后来又写成“委员长”，还用了子虚乌有的“常任委员会”这个组织名称（党内存在的是“常任干部会”）。

我真想说，无论如何，为了反共宣传，“要攻击的话，希望先仔细学一学党的方针和组织机构再开口”。早在这之前，作为反共攻击的一个环节，有时我也会遭到攻击，但这一次程度最恶劣，简直是一派胡言。

晚餐会的实际情况，正如我前文已经说明过的。迅速应对此事的党的外宣部和《赤旗报》的反驳之冷静、正确，也令我佩服。能够看到伙伴们的诚实态度，我反倒受到鼓舞。我胸中同时涌起两种想法：一种是希望对我的不当攻击到此收场；另一种是坚决斗争，绝不能输给这种荒谬做法。

那时，不知为什么，突然想起跟不破订婚时的一封信。60多年前的遥远的日子，19岁至20岁时的决心。

我们订婚是我19岁那年，1949年的秋天；结

> 婚是1953年的3月，几乎是大学毕业的同时。现在重读结婚之前三年多的婚约时代我们两个人之间的来往书信，一字一句现在都已成为回忆。那是年轻的爱情表达，与对我们选择的终生不渝地走社会变革道路的理想陈述，交织在一起，洋溢在字里行间——那也是体现了浓郁的时代特点的青春。其中有一段文字，预想“今后的人生中，可能蒙受恶语中伤和攻击”，讲到了顽强不屈于它的决心，某种意义上可以说这是具有预见性的文字。
>
> 从那时出发，1953年以来的半个世纪，我们作为夫妻，也作为日本的科学社会主义事业的参与者，坚贞不渝地一路相伴走来，对此我感慨良多。
>
> （摘自2003年《马克思与〈资本论〉》第1卷，不破为纪念结婚50周年写的“导言”）

细想起来，我选择的路，从一开始就不是平坦、平稳的路，这次事件让我重新想起这些。

我丈夫在导言的结尾处这样写道：即使年龄不断增加，只要坚守住初心，“今后，还将沿着这条不悔的路走下去，怀揣共同的意志去挑战新的历史”。读着他的文章，对那些无聊事件的愤怒，也就烟消云散了。

青根成为工作和生活的据点

1986年，我们在相模原市的青根取得一块土地。这里海拔400米，是通往丹泽群山最高峰“蛭岳”的登山口。

在那之前，我们一直没有自己的房子，在党的宿舍等地方生活。渐渐地，书籍和偶人不断增加，于是我们开始考虑需要一处能存放这些东西的自己的房子。起初，我们在选举区里面寻找，但因为是在房地产泡沫即将开始之前，所以向岛的宿舍周边，每坪[①]需要400万日元，实在不敢出手。我们四处寻找符合我们预算的土地，终于在丹泽的山脚尽头买下了那块土地，但房子是靠贷款建的。圆木建造的山中小屋风格，二层一个房间，一层两个房间。另外又修建了别栋，用来存放书籍

① 坪，土地面积的单位。1坪相当于3.3平方米。

和乡土玩具。

考虑要去国会和总部上班，这个地点是最远的极限距离了。我们来到这片土地之前，已有四分之一个世纪无人打理。庭院里自然生长着各种树木，红叶、合欢、榉树、日本紫茶树等。这些树，剪了又生、剪了又长，生长得很快，已经变得像是一片林子了。时不时地，家门口会有獾来造访，鹿、野猪、鼯鼠、野鸡、松鼠、蛇……动物和鸟类，都把这里当成自己的家似的，自由自在地在院子里来来往往。前些天，不破刚要洗澡，看见在地砖的角落有一个像是棕榈刷子似的东西，他试图伸手去拿，它却动了起来，不破被吓了一跳。原来那是一种名叫日本睡鼠的天然纪念物[①]。这里四季分明，树木冒出新芽时小叶芽的成长，会给人以生命的感动。

在这个丰富的大自然中，我们夫妇一如既往地，抱着不忘初心、竭尽全力的想法，在这里生活着。

不破接连出版了《资本论》研究三部曲：1997年，

① 天然纪念物是指本身拥有突出独特的价值，因其固有之稀少而具代表性的自然特征或文化意义的动物，植物、地貌、遗迹等。

67岁时《恩格斯与〈资本论〉》上下册付梓；68岁时开始刊行《列宁与〈资本论〉》全7册（2001年5月出全）；73岁时出版《马克思与〈资本论〉》。从2002年起，不破用一年时间，每月两次，在共产党总部，担任“代代木《资本论》研讨会”讲师。

作为党员，不破76岁从议长职务引退后，以常任干部会员和社会科学研究所所长身份继续开展活动。他的研究状态一如从前，不见衰退。他负责几个研究会，还出于帮助年轻人和有同样志向参加活动的人的愿望，开办了讲座。现在正在党总部开办的“纲领·经典讲座”，包括远程授课生在内，据说听课生将近有三万人。其中，2011年3月11日之后举办了一场“用‘科学之眼’思考核电灾害”的课程。鉴于当时的形势，似乎很受关注。课程使用了不破自己长期在国会上论战的资料，从核电问题的过去直讲到未来。据说讲义被领走了大约23万册，这或许反映了大家关心程度之高。

在理论研究方面，不破自己仍在继续挖掘几个专题。最近，关于《资本论》的形成过程，经过杂志连载后，不破将它结集成册，于2012年1月出版了

《〈资本论〉是如何形成的？》。

在被自然环抱的青根的山庄前合影（1994 年）

几年前，不破曾经嘀咕说“《资本论》终于得心应手了”，学习了 60 年，他还在说从现在开始！在这本书的准备过程中，包括马克思和恩格斯的书信、写作《资本论》过程中的草稿在内，不破对相关的全部文献持续进行了再探讨。归根结底，所有的一切研究，夸张点儿讲，都是为了探讨如何改变日本。虽然我丈夫把这次出版的著作称作“是我《资本论》研究的集大成”，但恐怕还与从前一样，又会成为“理论研究无止境”吧。

家里的餐厅也是丈夫的工作间，这个习惯从我们结婚时开始，持续了59年，现在也没有改变。在青根，我们在修建收藏书籍和乡土玩具的别栋时，预留了一间三叠左右的书斋，但他一次也没有使用过，最后，只得在餐厅的窗户边上，装上一块能放电脑的细长板子，让他在那里工作。

板子上堆放的书多起来，板子就失去平衡，经常会有成捆的书掉到地板上，发出巨大的声响。那种声音在我们家，像是熟悉的音乐一般。有时候，资料和书籍还会堆放到吃饭的圆桌上。说到底，总是在热闹的生活中工作，这似乎很对我丈夫的脾气。

从东京回来时，也是在我发出“洗手啊！漱口啊！”的声音之前，噼啪噼啪敲打电脑键盘的声音就响起了。只要头脑中有了想法，不论什么时间都开始工作，这一点也依然如旧。因为是在我的领地内发生的事情，所以，他现在专心在做什么，我马上就知道。只是，有时候我看见电脑，知道他“啊，现在做这个呢”，几个小时后就已经换成其他题目了。我每次跟他说话时，都会根据他的回答情况来决定下一步怎样做，如果判断他正全神贯注地做事呢，我就会采取相应的对策。

丈夫从我们结婚第30年开始，每5年，会在当年出版的著作的“导言”部分，写下一段结婚纪念的话语。实际上，上一节中我从《马克思与〈资本论〉》第1卷中引用的内容，就是他为结婚纪念所写的一段话。

第一次听他说起这个想法时，我很吃惊。因为都是些关于科学社会主义的理论书籍，无论怎样跟罗曼蒂克也相去甚远。而在这种书籍的“导言”部分，加写进“为纪念结婚×周年而作”之类的话，读者会感觉异样，我也觉得有些许难为情。但他说是刻意选定从结婚第30周年开始写，并且每五年写一次。我虽然惊讶，但特别欢喜他的这份心意，“为我考虑得这么周到”，所以就同意了。

他说“内容每次都要经过一番考虑”，已经坚持写了6次（结婚55周年为止）。还有一次写的是“纪念订婚50周年”，所以迄今总共写了7次。我一直想，真难为他不间断地在写，但他说：“因为已经那么决定了嘛！”明年是我们结婚60周年，他似乎已经记挂在心上了。我感觉又重新认识了丈夫的性格。

最初的83年，就是这个样子。

另外，写几句私人的事。这本书出版的1983年这个年份，正是我们夫妇结婚30周年的年份。我的这项工作也得到我妻子给予的诸多帮助，关于婚姻与家庭的问题、妇女解放的问题，对于这些问题，我的问题意识本身就是在30年的婚姻生活——把共同的生活与活动作为一个实践的土壤而培养起来的。把这些问题作为一大主题的这本书，能够在对于我们来说值得纪念的这个年份出版，更加让人感慨颇深。

（摘自1983年《讲座〈家庭、私有制及国家的起源〉入门》）

此外，给我留下深刻印象的，还有这样一段：

今年，正值我们夫妇结婚45周年。从婚前开始，我们就作为好同志、好战友、合作者，在同一条路上一路走来。回顾我与妻子七加子的共同生活，我想把这本或将成为我的列宁研究的集大成之书作为我们的纪念之作。

（摘自 1998 年《列宁与〈资本论〉》第 1 卷）

在青根山庄的书库，与丈夫在一起（2012 年）

83 年间，我从未去过外国，也没有坐过飞机。北海道、九州，都不曾去过。也没有夫妇俩单独去过什么地方。一起的旅行，全都兼顾着工作。我们一直就是这样生活过来的。总是感觉，现在、眼前的事情更重要、更有趣、更合我的秉性。

结婚纪念日之类的日子，我们从不搞纪念性的仪式，但至今保持不变的、每 5 年一次，丈夫送给我的话，字字句句，对我来说比任何珠宝都光彩耀眼。

既然作为人来到这个世上，就要活得更像人一样。回顾我迄今的人生，就是为了建立一个更好的社会这个目标而一路劳作过来的人生。我感谢许许多多的人对我的教诲、帮助，感谢与大家同心协力度过的岁月，今后我还将与日本共产党和伙伴们，与我最爱的丈夫不破哲三同志一道，沿着这条路一直走下去，直到生命的尽头。

译后记

译者对日本左翼运动及日共历史一直抱有浓厚兴趣，对不破哲三先生几十年来艰苦卓绝的奋斗历程、高尚人格，特别是对他深入钻研马克思主义经典著作的执着精神、高深水平、精辟见解，尤感钦佩。不破先生夫人的回忆录出版前，译者从网络上看到《妇女公论》杂志对其采访的报道，即引起兴趣，于是与日共中央副委员长绪方靖夫先生提起。2012年，不破夫人回忆录出版后，译者收到绪方先生寄赠的不破夫人签名本，捧读一过，又生迻译之念，但因杂事丛集，始终未能如愿。如今此书终于勉强译毕，首先应感谢不破哲三先生夫人。她不仅俯允中文译本出版，还亲自为中译本撰写了序言。其次要感谢绪方先生。多年来，他一直支持笔者的研究。不破先生每有新著出版，绪方先生必在第一时间

百姓法治宝典系列丛书

民法典普法三字经

《民法典普法三字经》编写组◎编

三字一句朗朗上口

四格漫画简明释法

典型案例情景再现

法条链接有理有据

中国出版集团
中国民主法制出版社
全国百佳图书出版单位

图书在版编目（CIP）数据

民法典普法三字经 /《民法典普法三字经》编写组编．-- 北京：中国民主法制出版社，2020.7（2020.11 重印）
（百姓法治宝典系列丛书）
ISBN 978-7-5162-2248-5

Ⅰ．①民… Ⅱ．①民… Ⅲ．①民法一法典一中国一通俗读物 Ⅳ．①D923-49

中国版本图书馆 CIP 数据核字（2020）第 107130 号

责任编辑 / 修文龙
装帧设计 / 郑文娟

书　　名 / 民法典普法三字经
作　　者 /《民法典普法三字经》编写组

出版·发行 / 中国民主法制出版社
社　　址 / 北京市丰台区右安门外玉林里 7 号（100069）
电　　话 / 010-62155988　62167260
传　　真 / 010-62167260
经　　销 / 新华书店
开　　本 / 787mm×1040mm　1/32
印　　张 / 3
字　　数 / 30 千字
版　　本 / 2020 年 7 月第 1 版　　2020 年 11 月第 4 次印刷
印　　刷 / 涿州市京南印刷厂
书　　号 / ISBN 978-7-5162-2248-5
定　　价 / 15.00 元